# EL MUNDO ES UN REGALO

72KILOS

PLAN B

Papel certificado por el Forest Stewardship Council®

Penguin
Random House
Grupo Editorial

Primera edición: marzo de 2020
Primera reimpresión: julio de 2022

© 2020, 72 kilos
© 2020, Penguin Random House Grupo Editorial, S.A.U.
Travessera de Gràcia, 47-49. 08021 Barcelona

Printed in Spain – Impreso en España

ISBN: 978-84-17809-29-4
Depósito legal: B-476-2020

Impreso en Gráficas 94, S. L.
Sant Quirze del Vallès (Barcelona)

PB 0 9 2 9 B

TODOS LOS PERSONAJES
DE ESTE LIBRO SON ASÍ.

PUEDES SER TÚ,
ALGUIEN A QUIEN CONOCES
O ALGUIEN AL QUE TE
GUSTARÍA CONOCER.

ESTE LIBRO ESTÁ DEDICADO
A MI HIJO LUCA.

72KILOS

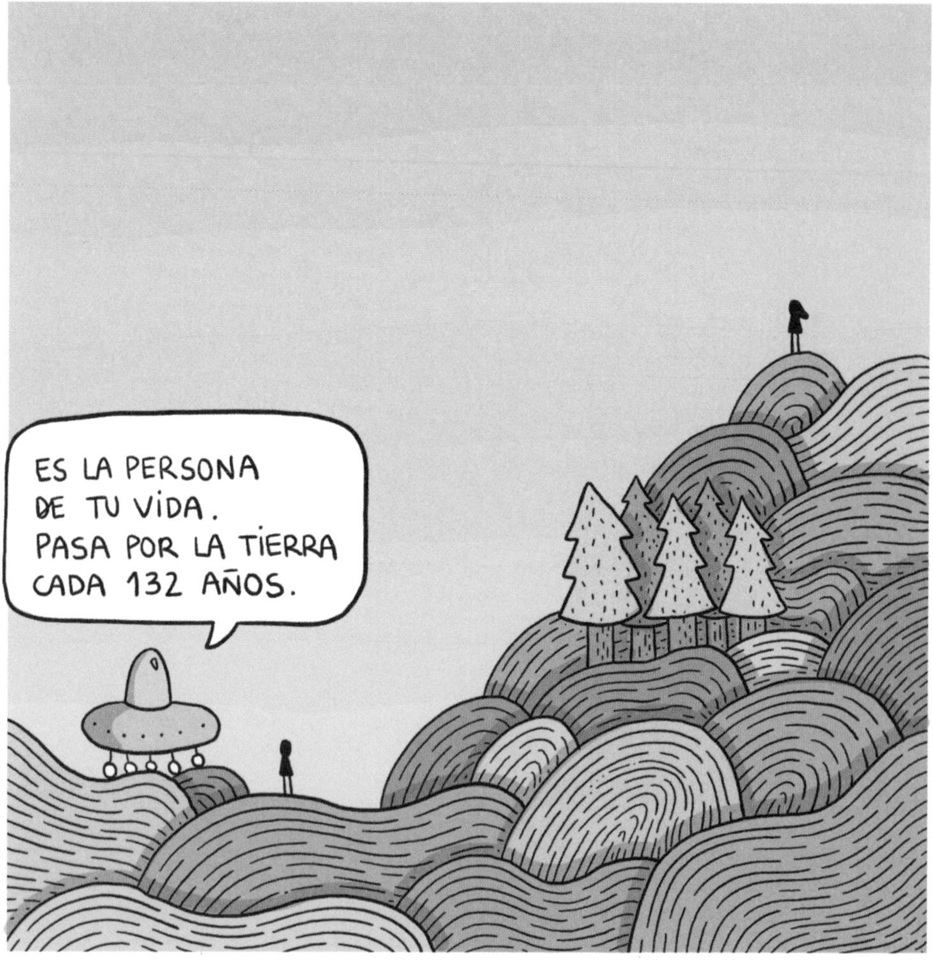
ES LA PERSONA DE TU VIDA. PASA POR LA TIERRA CADA 132 AÑOS.

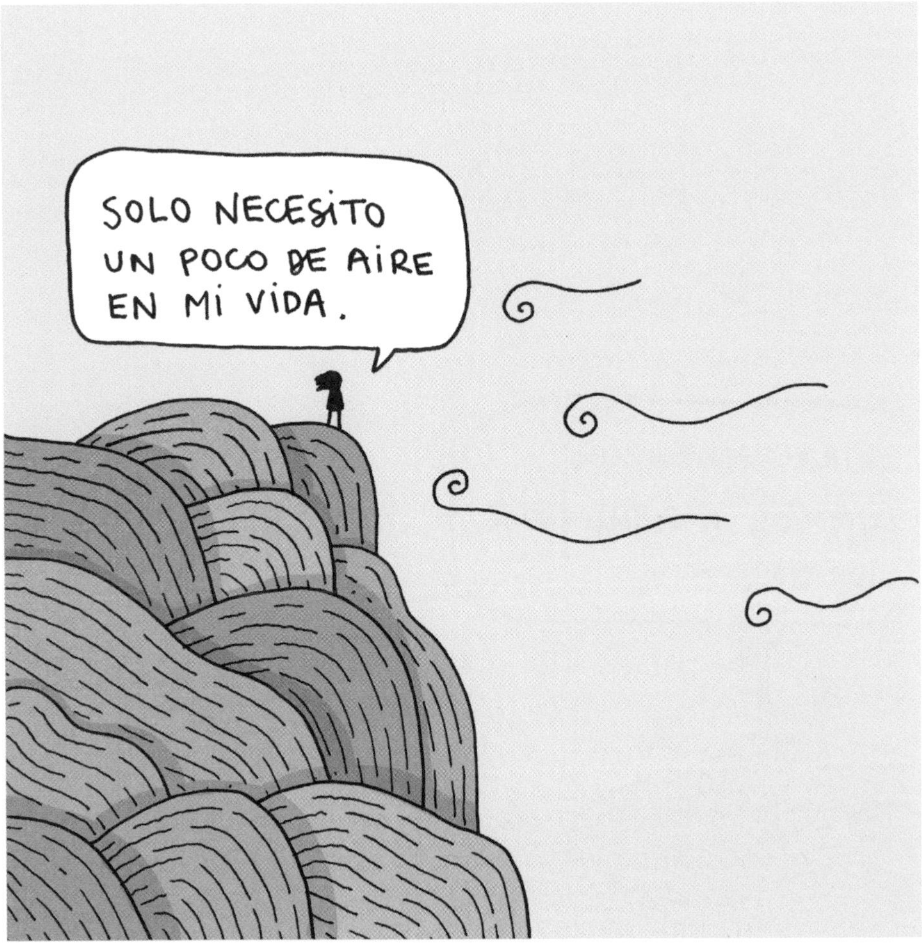
SOLO NECESITO UN POCO DE AIRE EN MI VIDA.

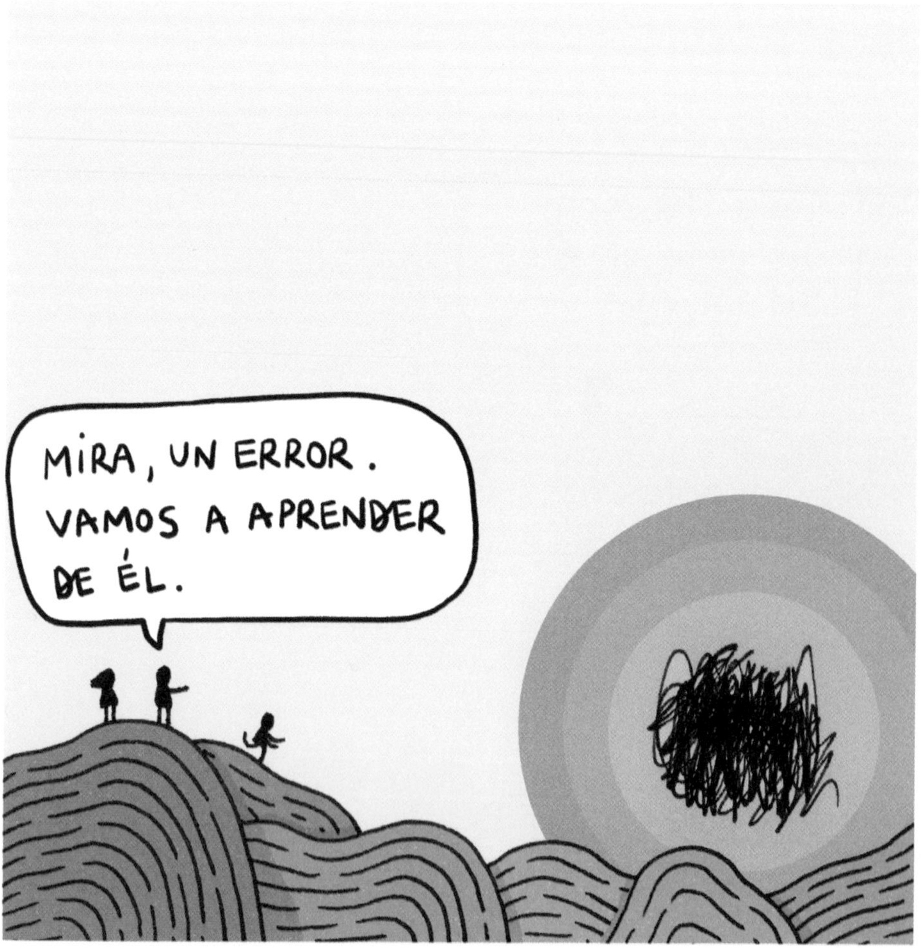
MIRA, UN ERROR. VAMOS A APRENDER DE ÉL.

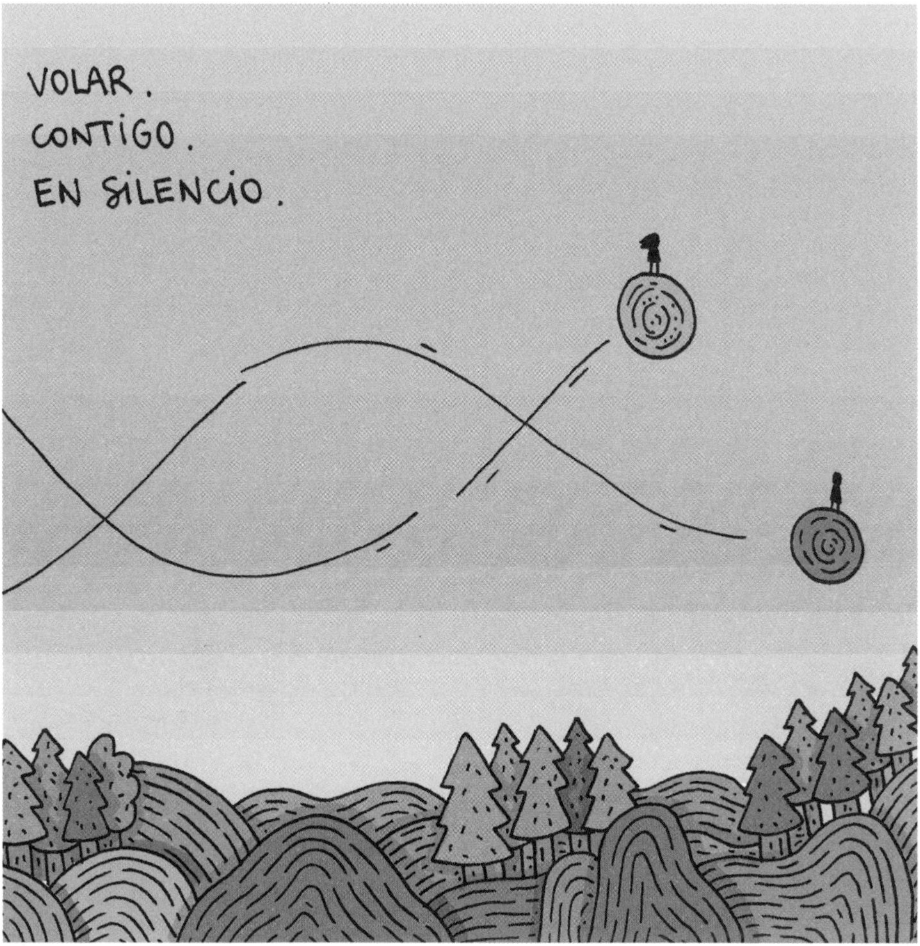
VOLAR.
CONTIGO.
EN SILENCIO.

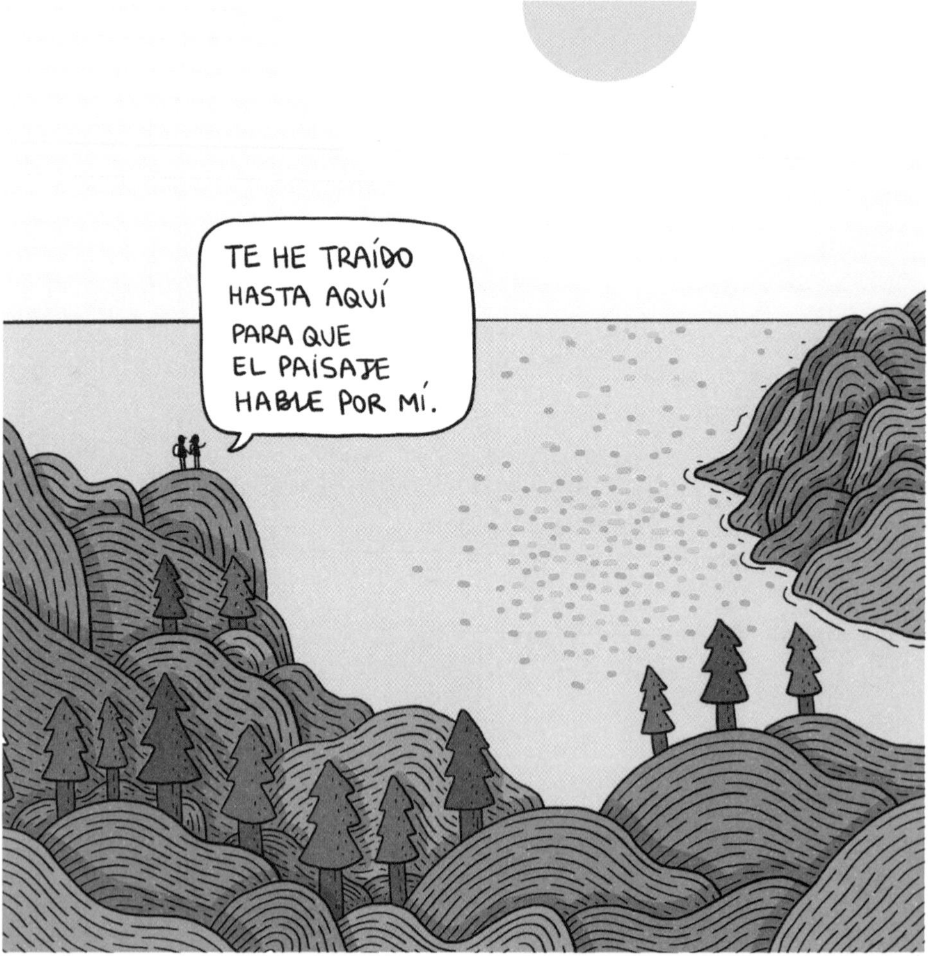
TE HE TRAÍDO HASTA AQUÍ PARA QUE EL PAISAJE HABLE POR MÍ.

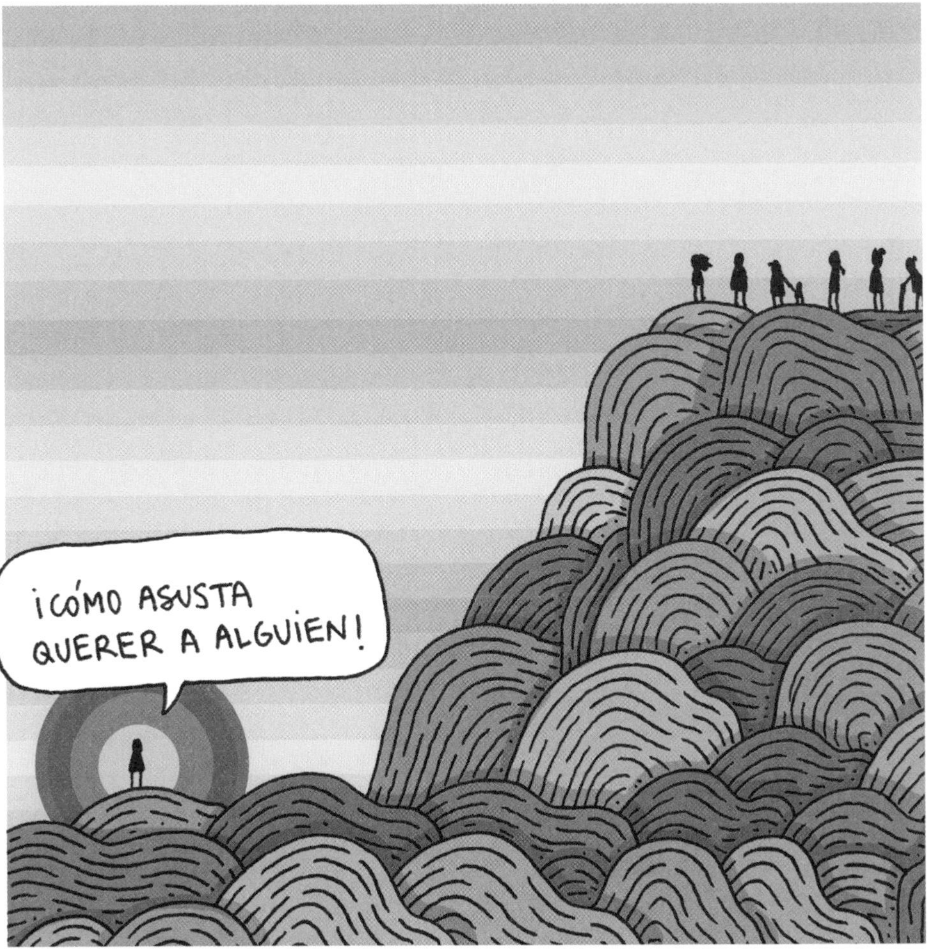
¡CÓMO ASUSTA QUERER A ALGUIEN!

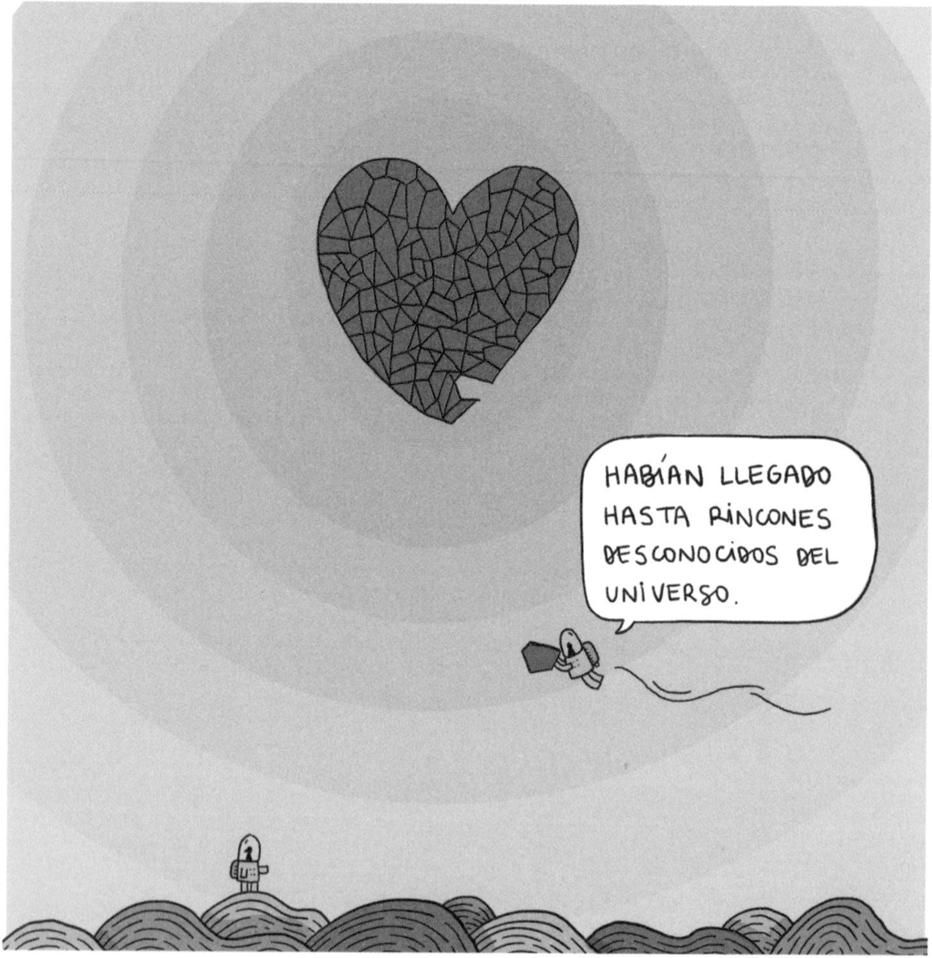
HABÍAN LLEGADO HASTA RINCONES DESCONOCIDOS DEL UNIVERSO.

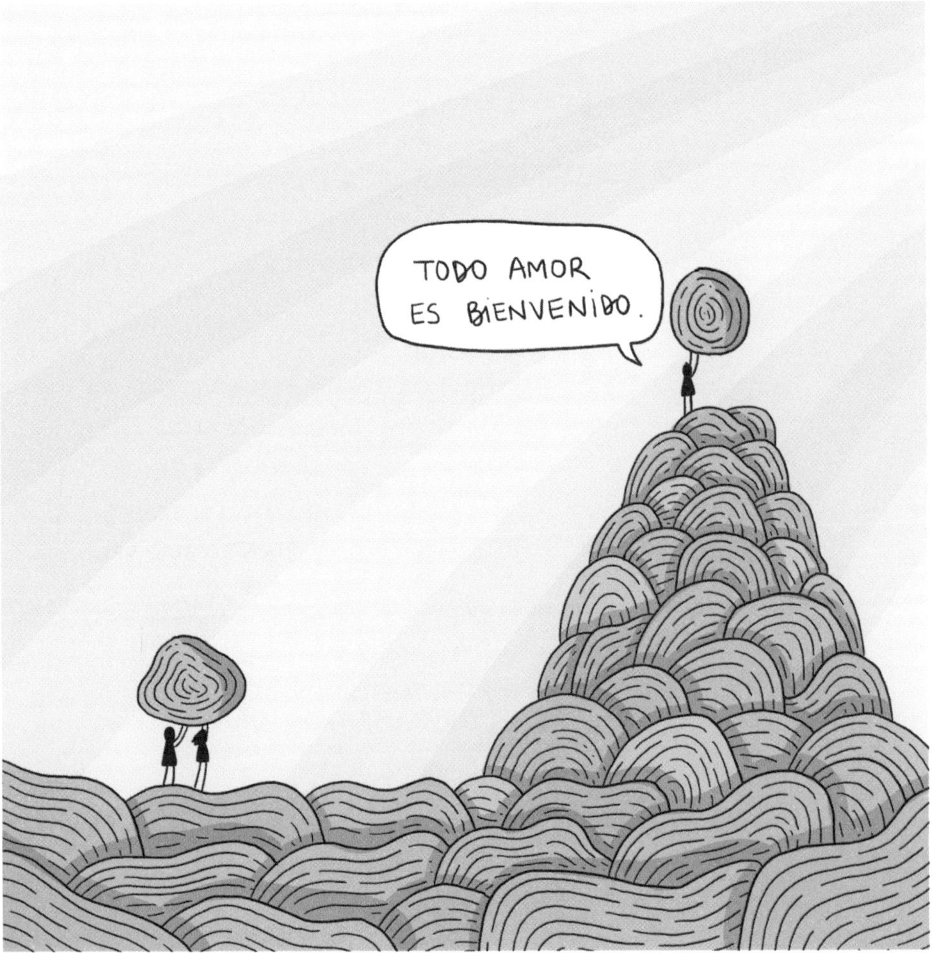
TODO AMOR
ES BIENVENIDO.

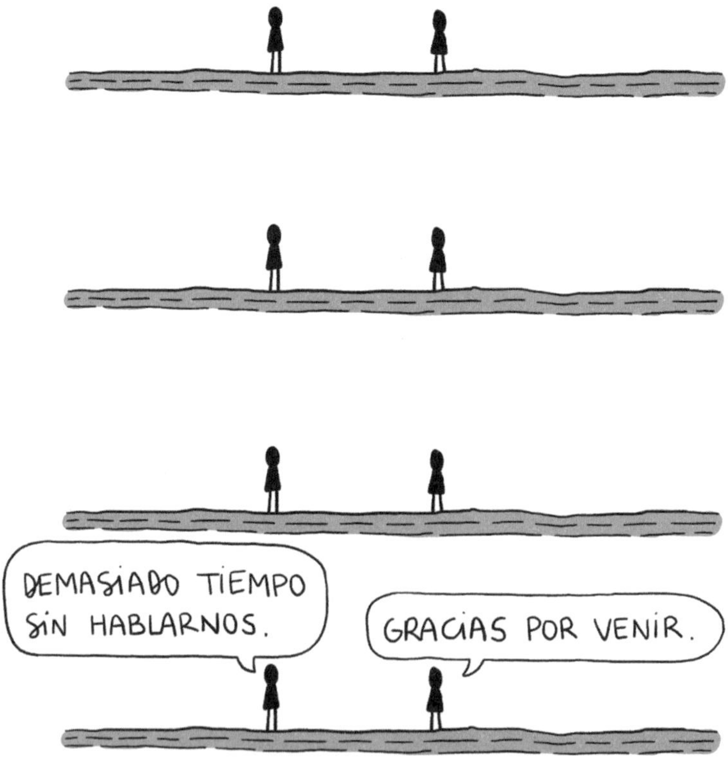
DEMASIADO TIEMPO SIN HABLARNOS.
GRACIAS POR VENIR.

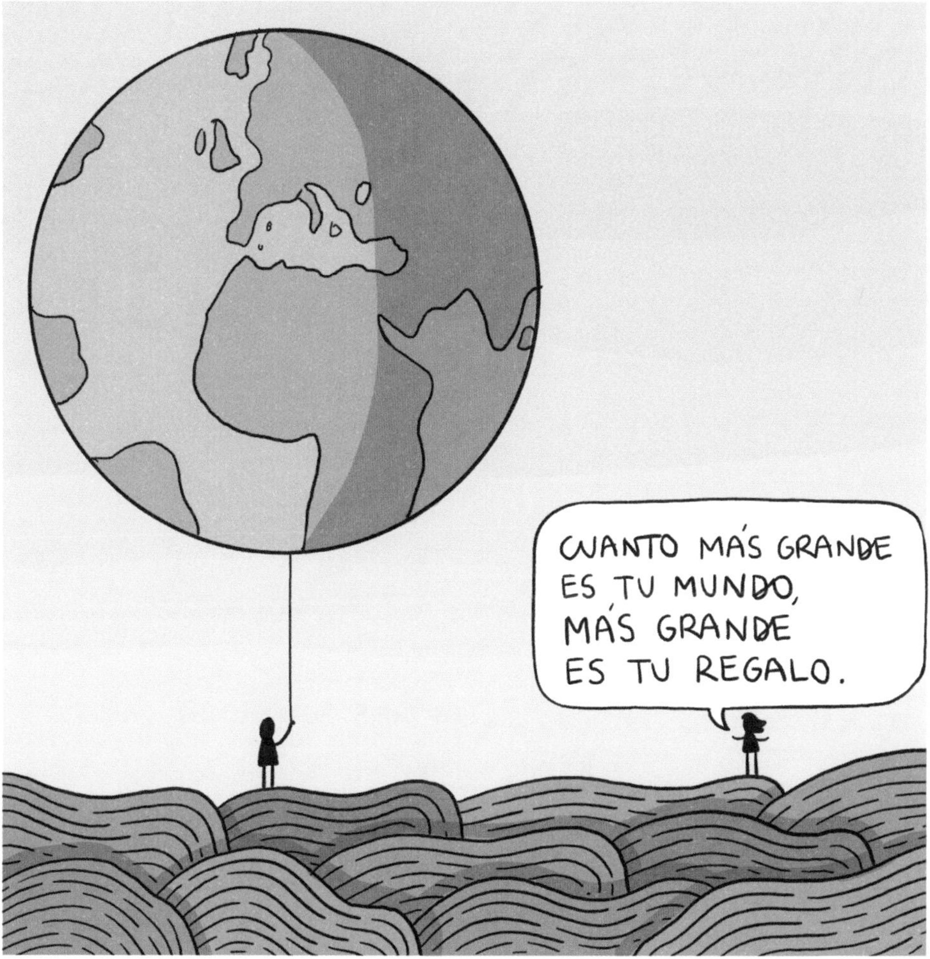
CUANTO MÁS GRANDE ES TU MUNDO, MÁS GRANDE ES TU REGALO.

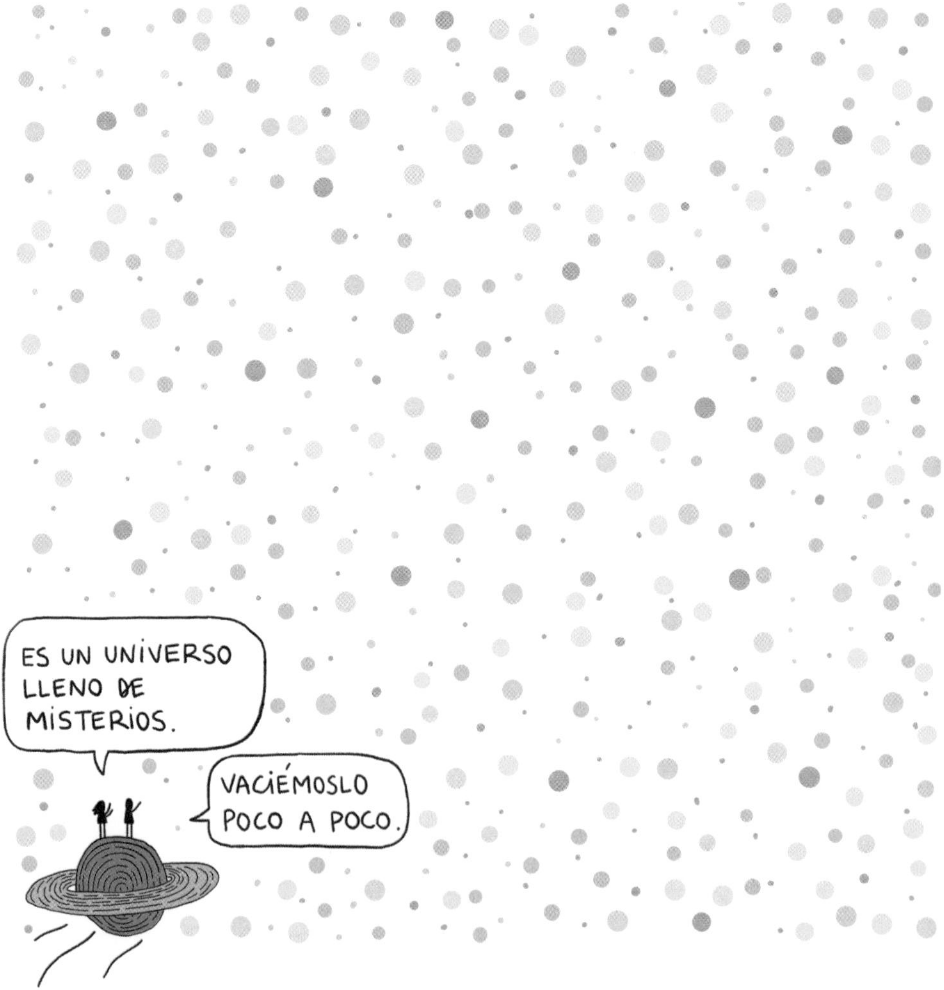
ES UN UNIVERSO LLENO DE MISTERIOS.
VACIÉMOSLO POCO A POCO.

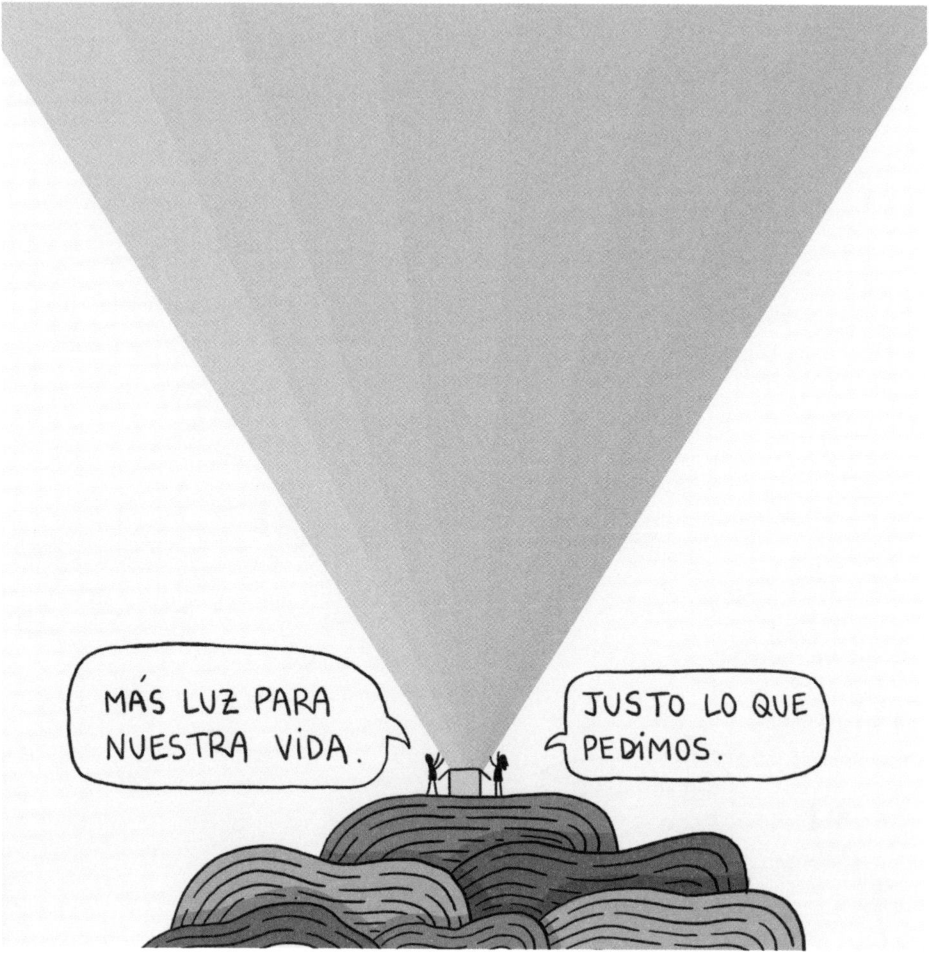
MÁS LUZ PARA NUESTRA VIDA.
JUSTO LO QUE PEDIMOS.

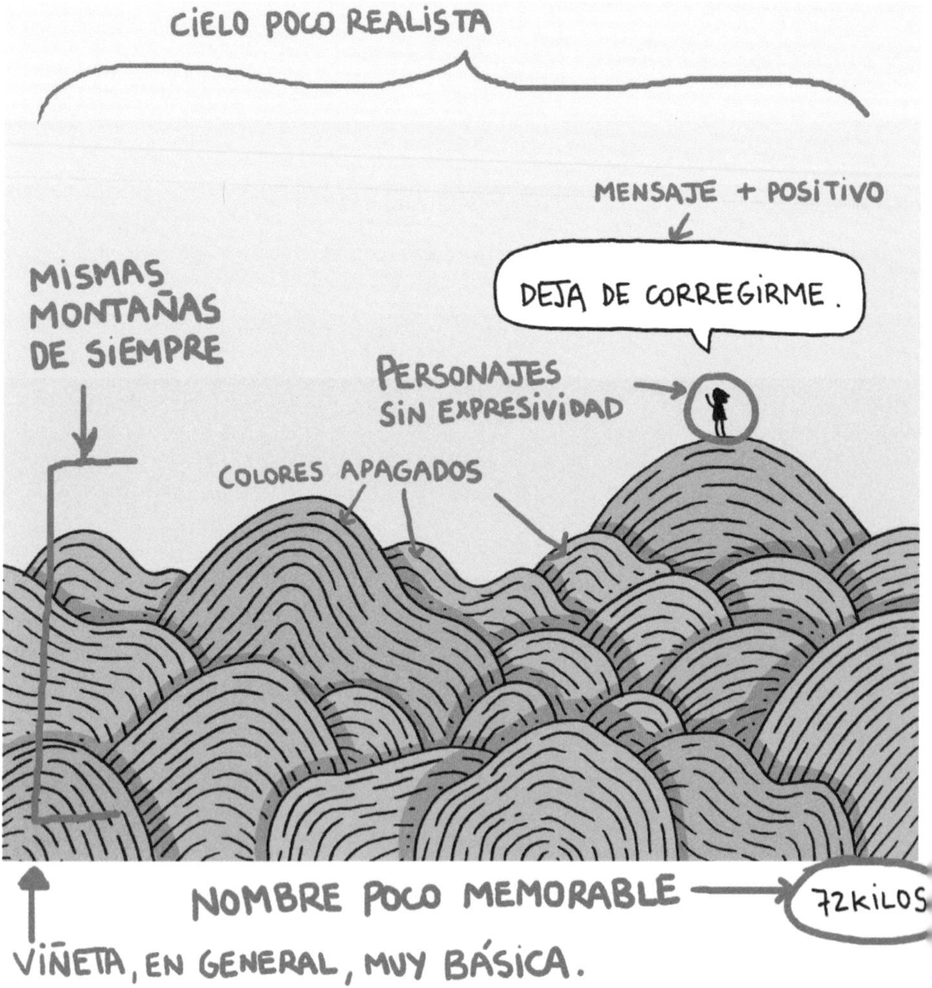
CIELO POCO REALISTA
MENSAJE + POSITIVO
DEJA DE CORREGIRME.
MISMAS MONTAÑAS DE SIEMPRE
PERSONAJES SIN EXPRESIVIDAD
COLORES APAGADOS
NOMBRE POCO MEMORABLE
72KILOS
VIÑETA, EN GENERAL, MUY BÁSICA.

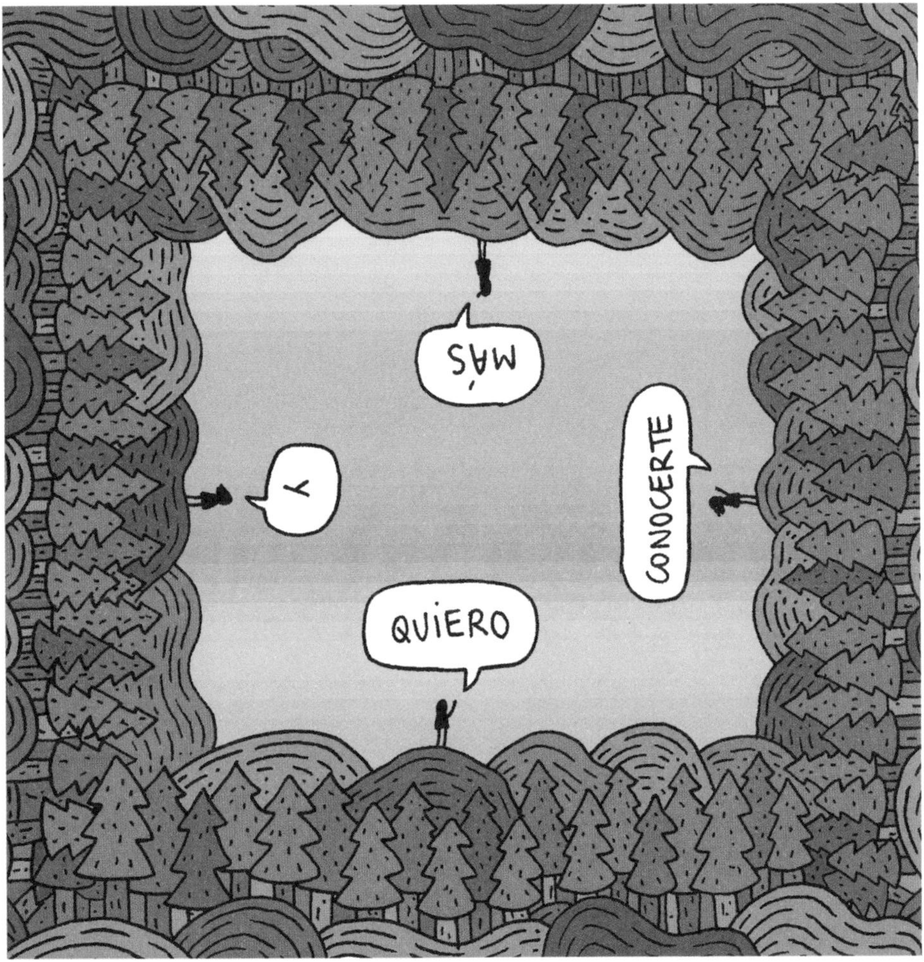
QUIERO
CONOCERTE
MÁS
Y

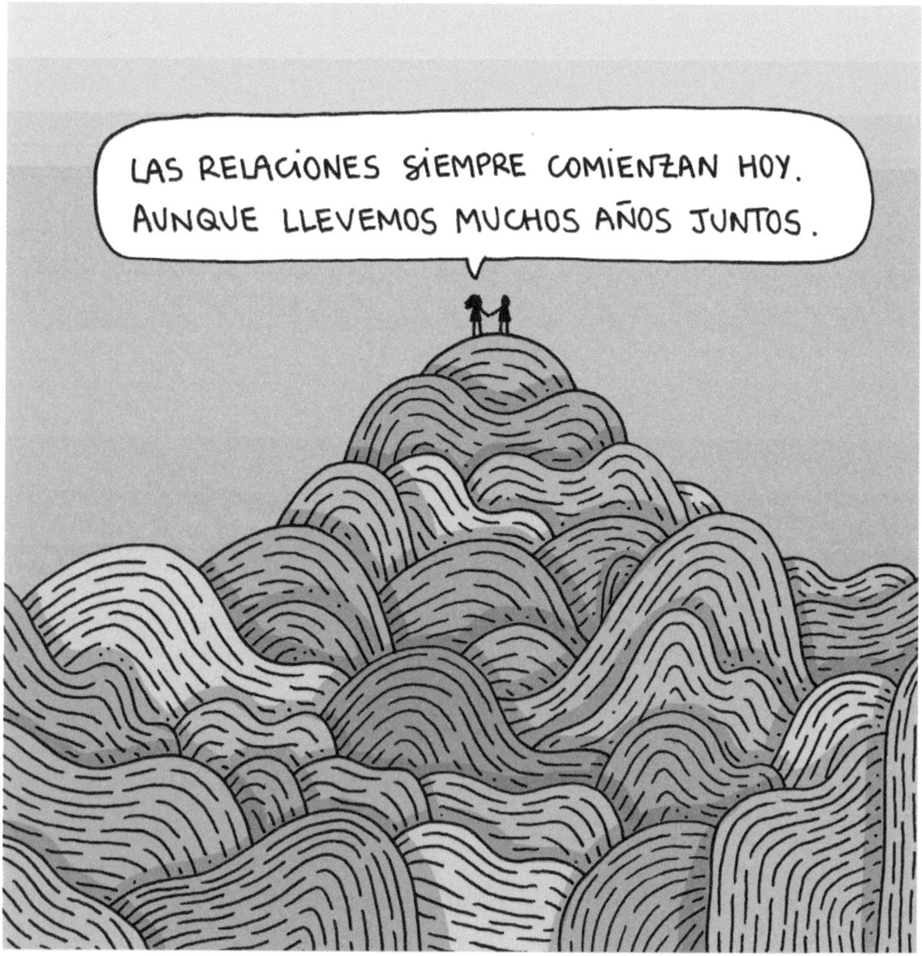
LAS RELACIONES SIEMPRE COMIENZAN HOY.
AUNQUE LLEVEMOS MUCHOS AÑOS JUNTOS.

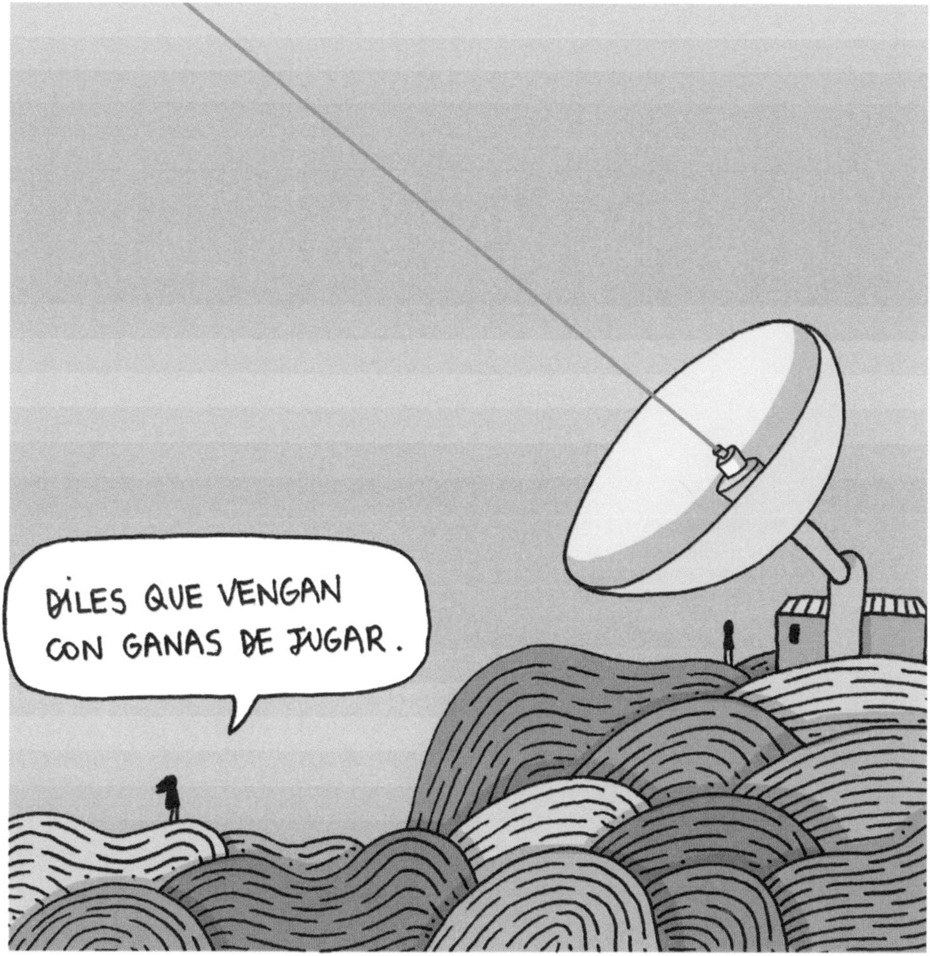
DILES QUE VENGAN CON GANAS DE JUGAR.

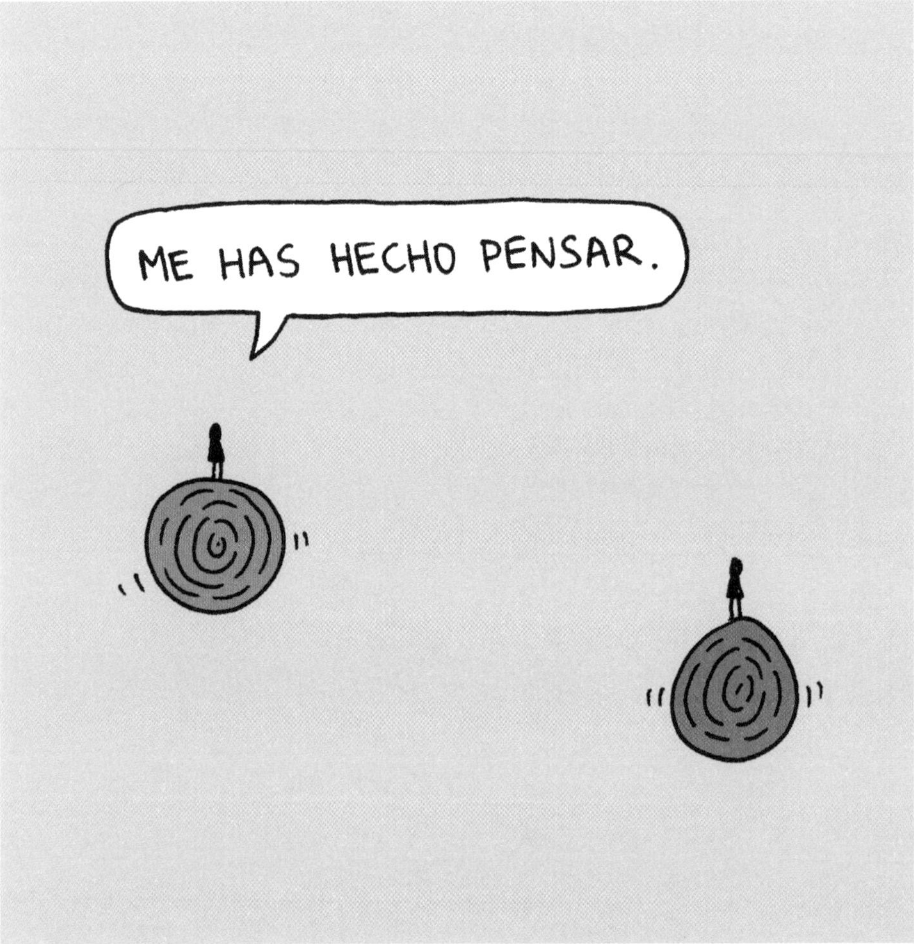
ME HAS HECHO PENSAR.

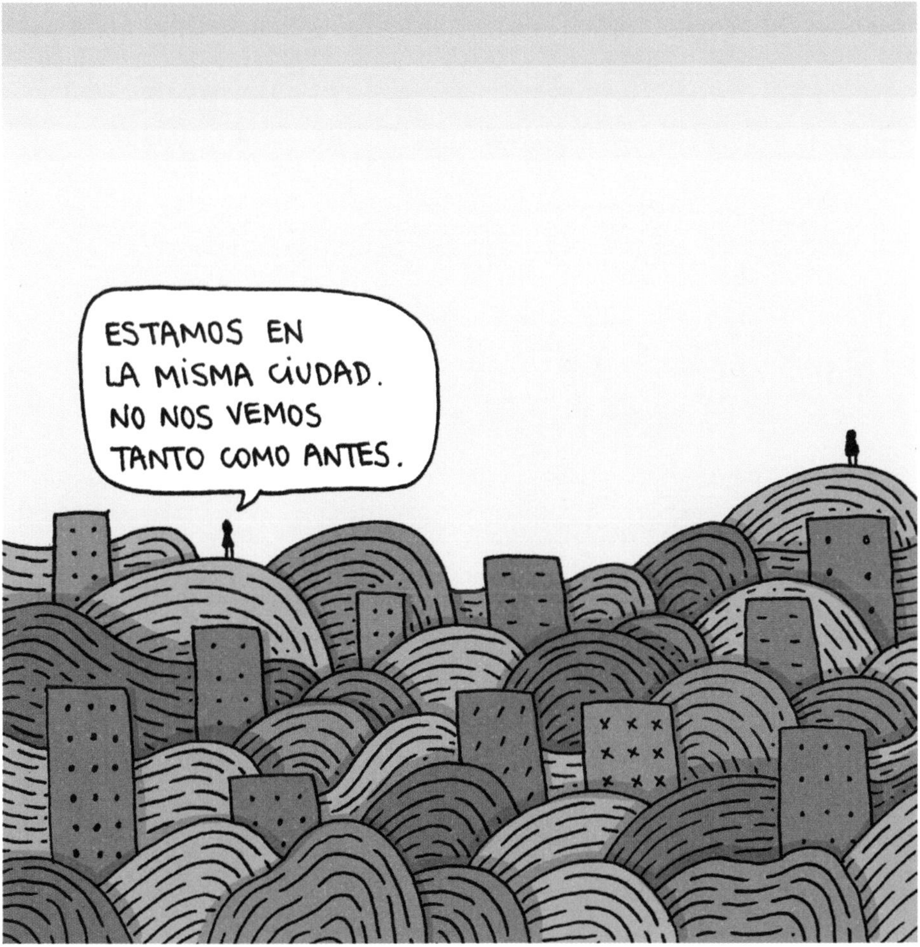
ESTAMOS EN
LA MISMA CIUDAD.
NO NOS VEMOS
TANTO COMO ANTES.

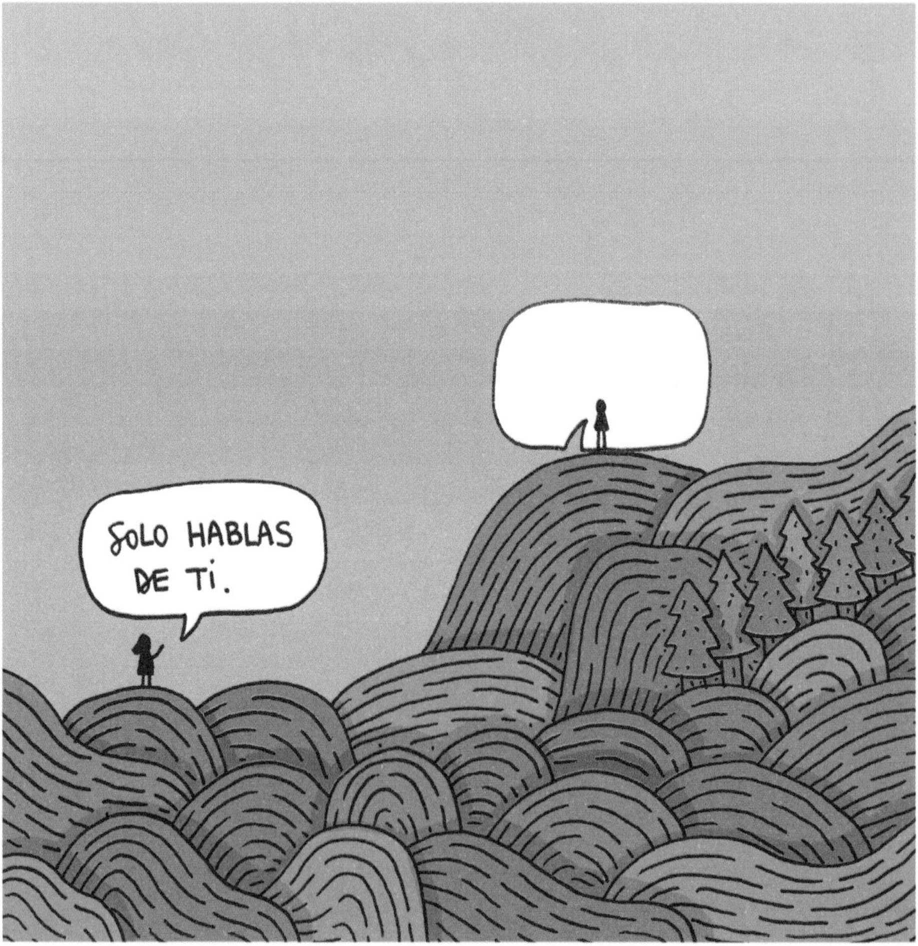
SOLO HABLAS DE TI.

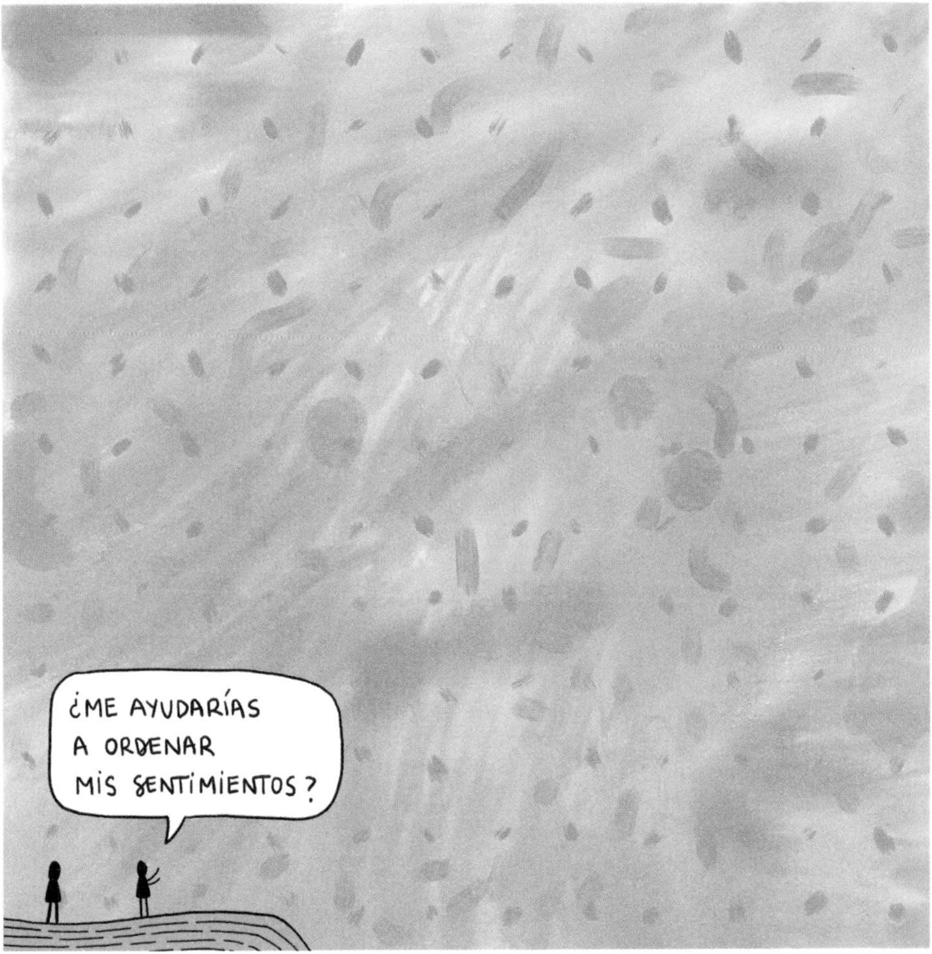
¿ME AYUDARÍAS A ORDENAR MIS SENTIMIENTOS?

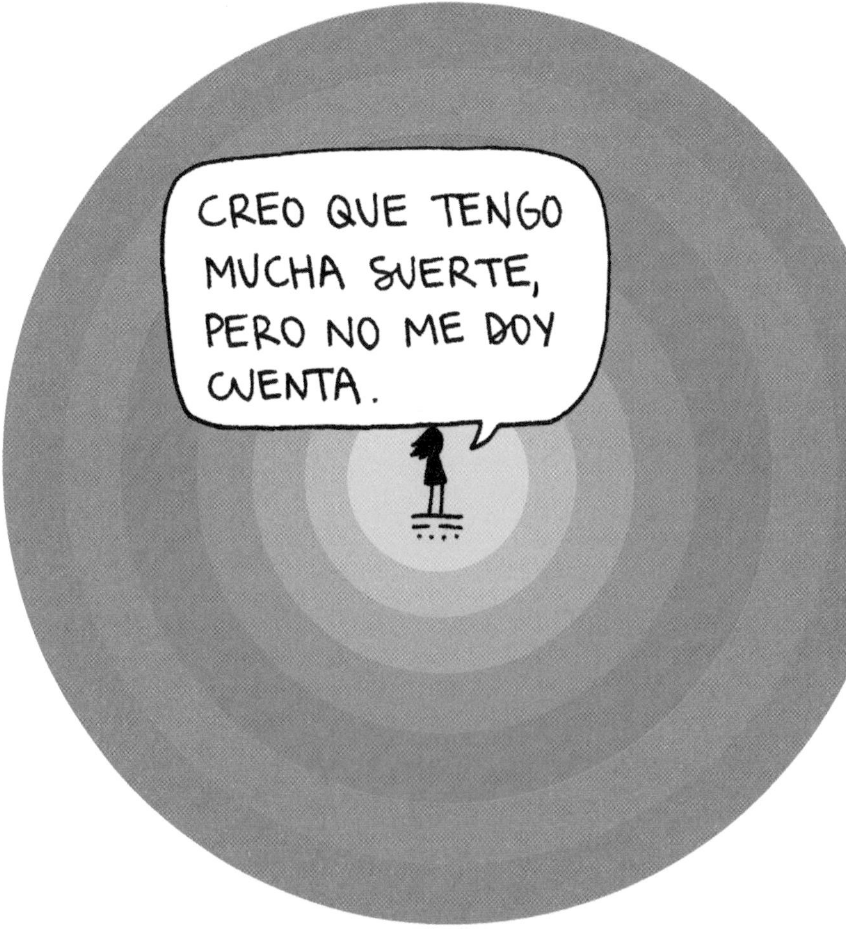
CREO QUE TENGO MUCHA SUERTE, PERO NO ME DOY CUENTA.

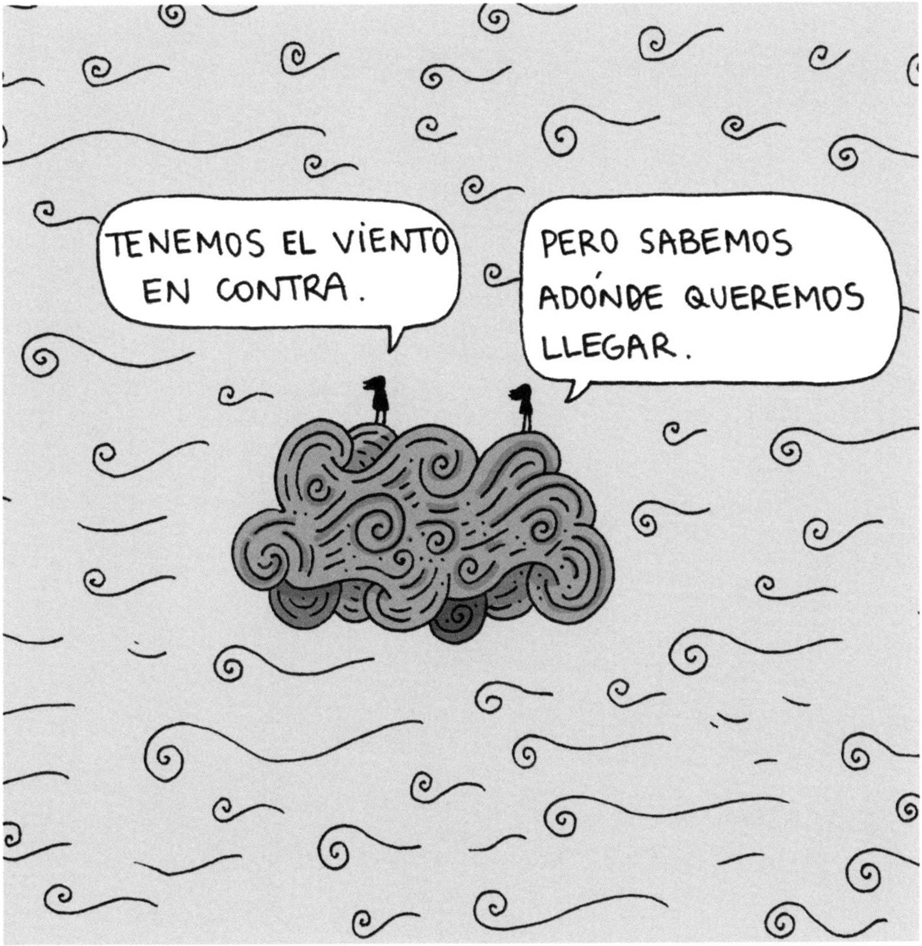
TENEMOS EL VIENTO EN CONTRA.
PERO SABEMOS ADÓNDE QUEREMOS LLEGAR.

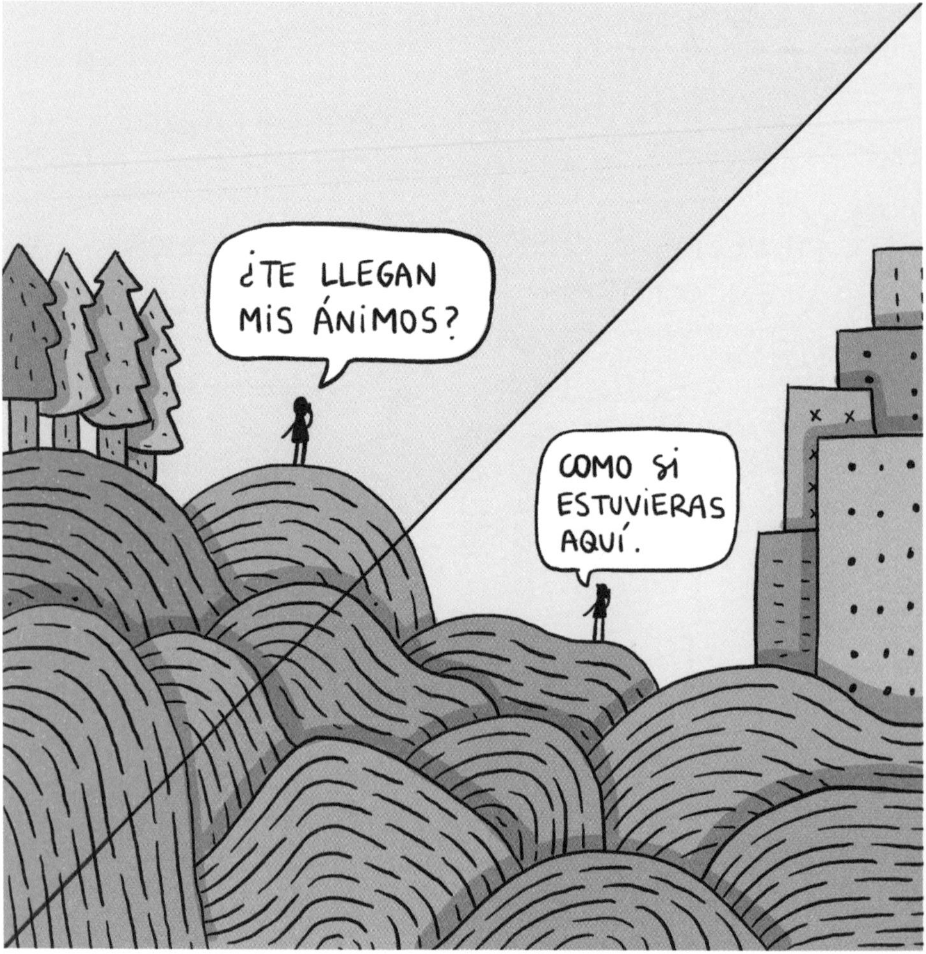
¿TE LLEGAN MIS ÁNIMOS?
COMO SI ESTUVIERAS AQUÍ.

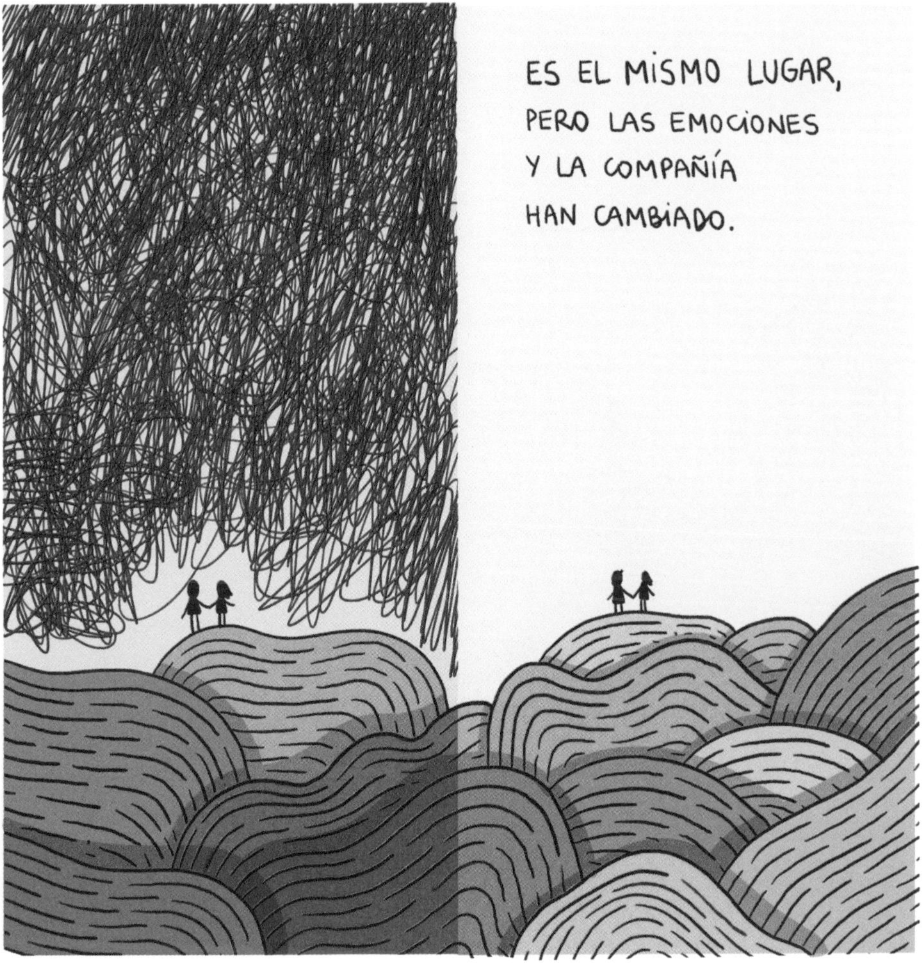
ES EL MISMO LUGAR,
PERO LAS EMOCIONES
Y LA COMPAÑÍA
HAN CAMBIADO.

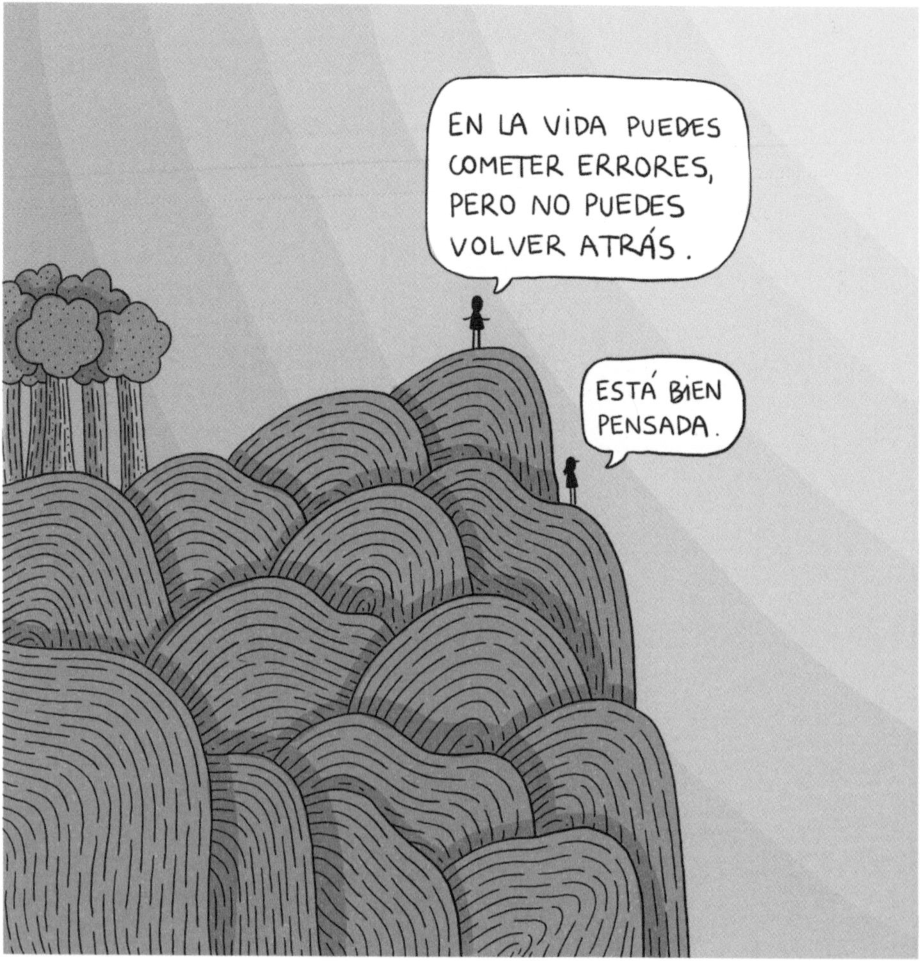
EN LA VIDA PUEDES COMETER ERRORES, PERO NO PUEDES VOLVER ATRÁS.
ESTÁ BIEN PENSADA.

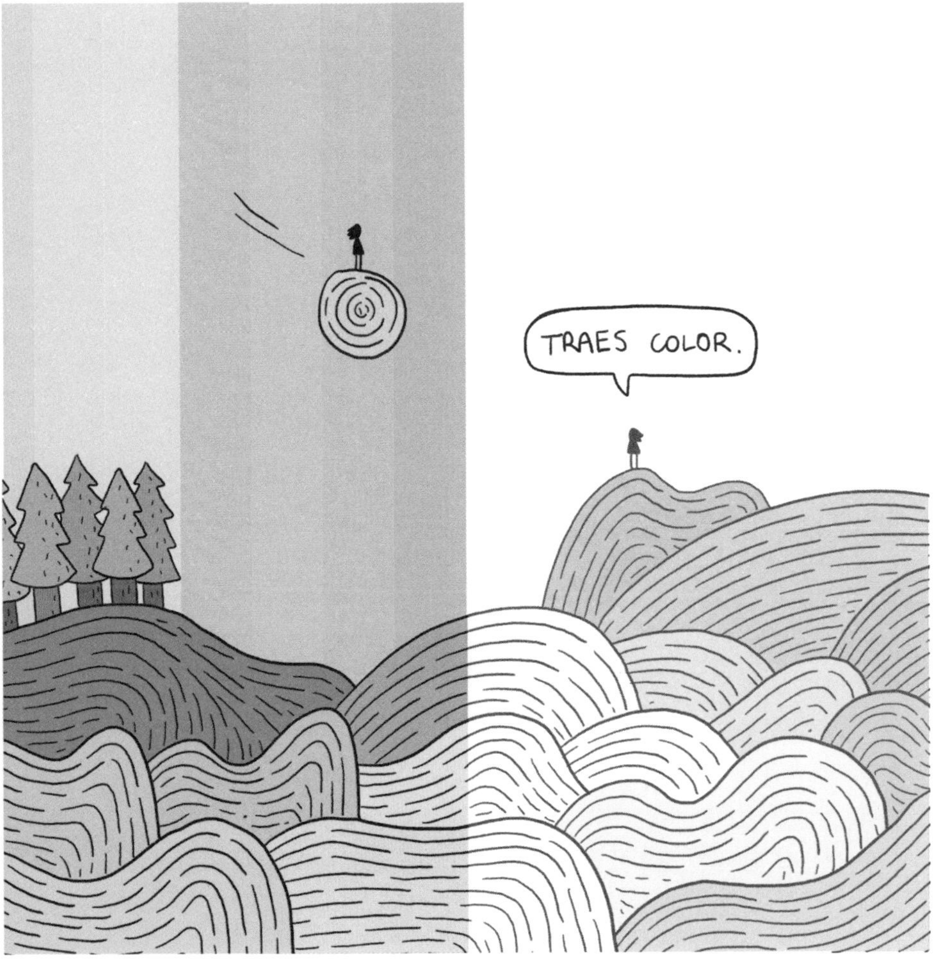
TRAES COLOR.

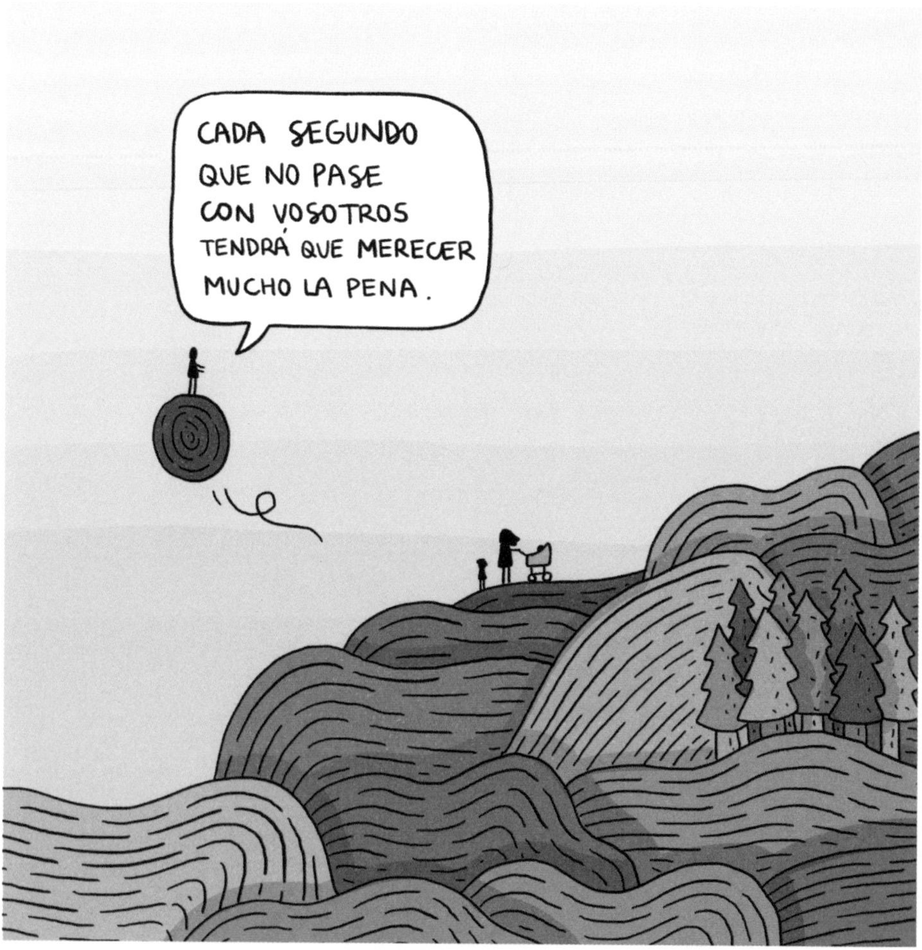
CADA SEGUNDO QUE NO PASE CON VOSOTROS TENDRÁ QUE MERECER MUCHO LA PENA.

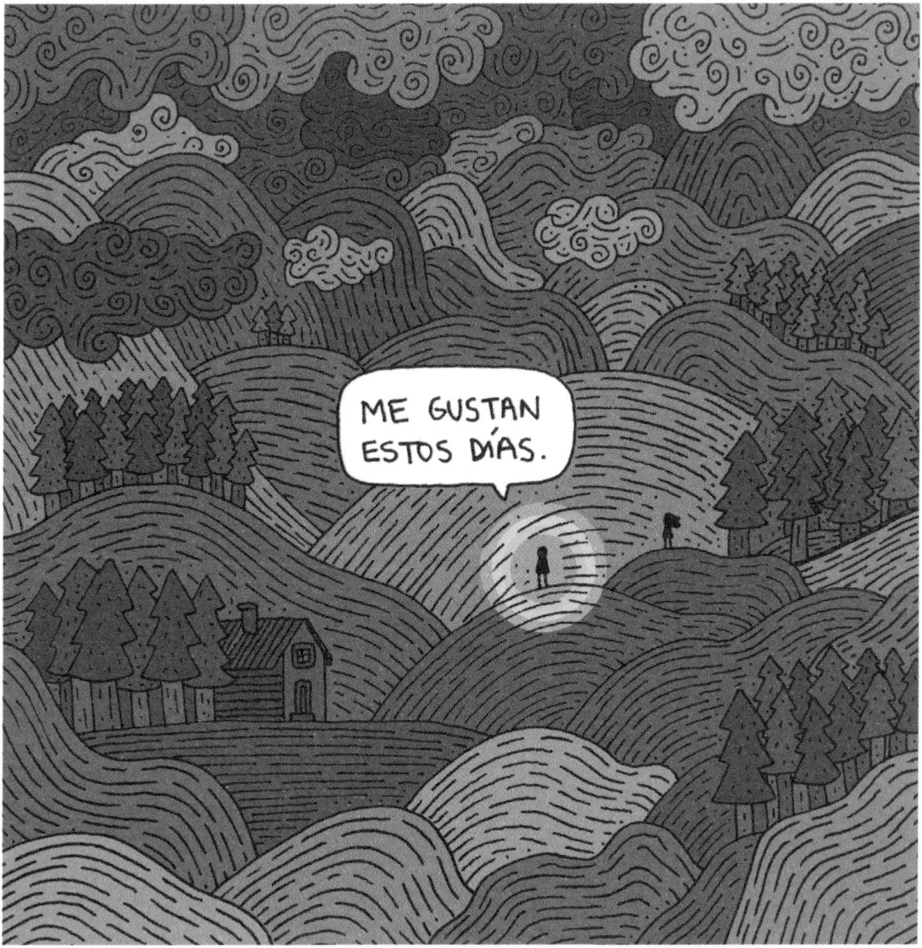
ME GUSTAN ESTOS DÍAS.

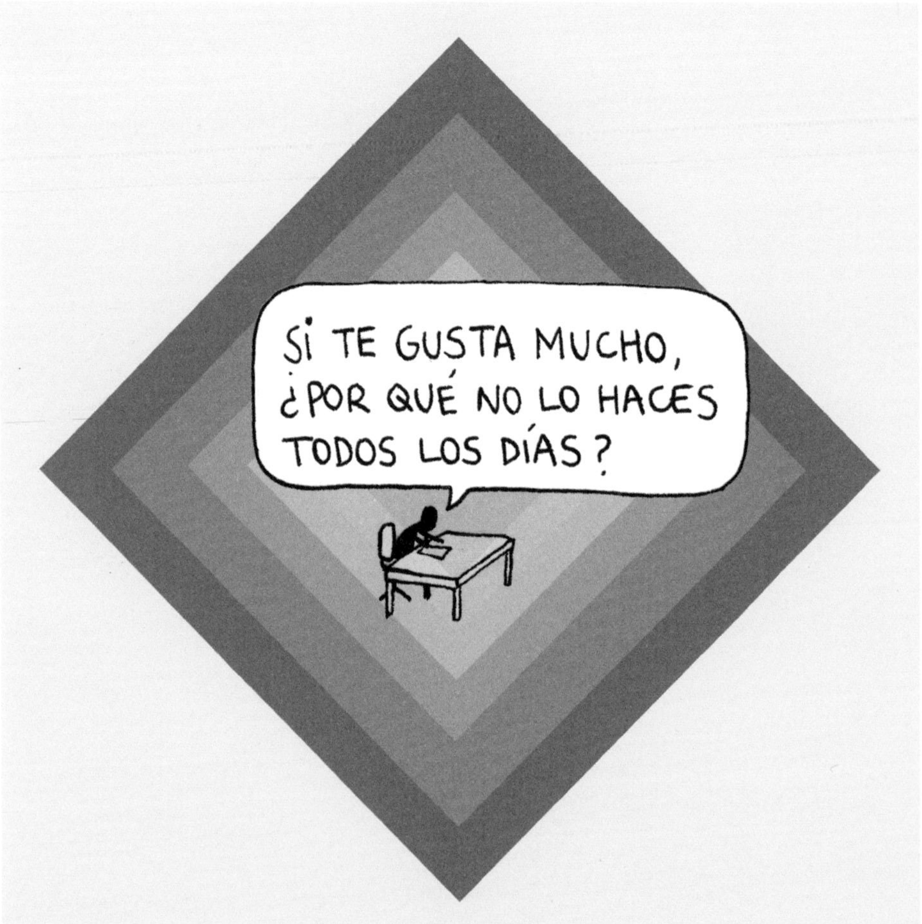
SI TE GUSTA MUCHO, ¿POR QUÉ NO LO HACES TODOS LOS DÍAS?

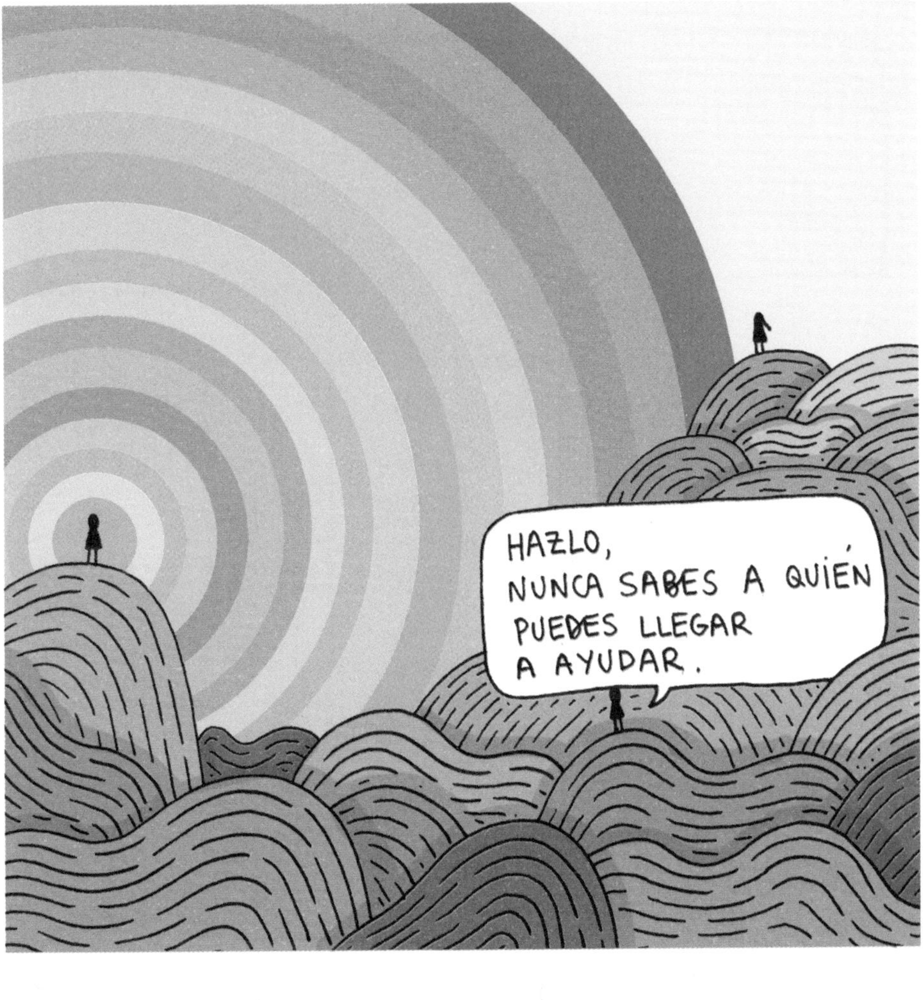
HAZLO, NUNCA SABES A QUIÉN PUEDES LLEGAR A AYUDAR.

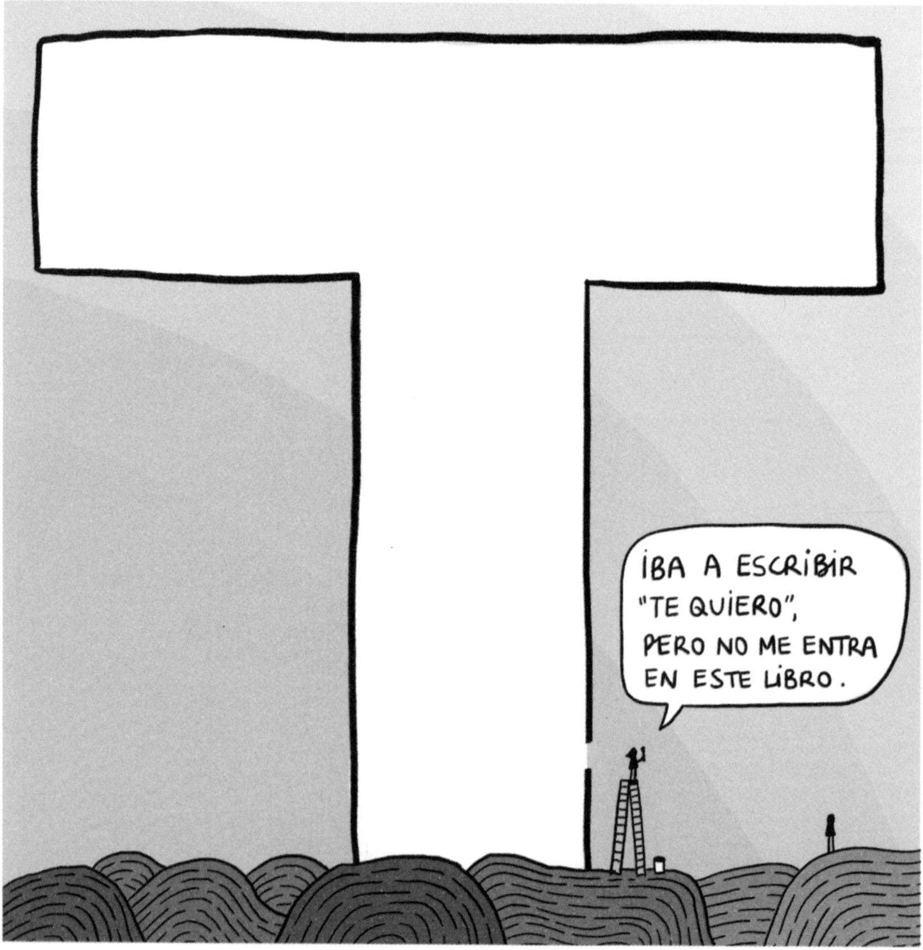
ÍBA A ESCRIBIR "TE QUIERO", PERO NO ME ENTRA EN ESTE LIBRO.

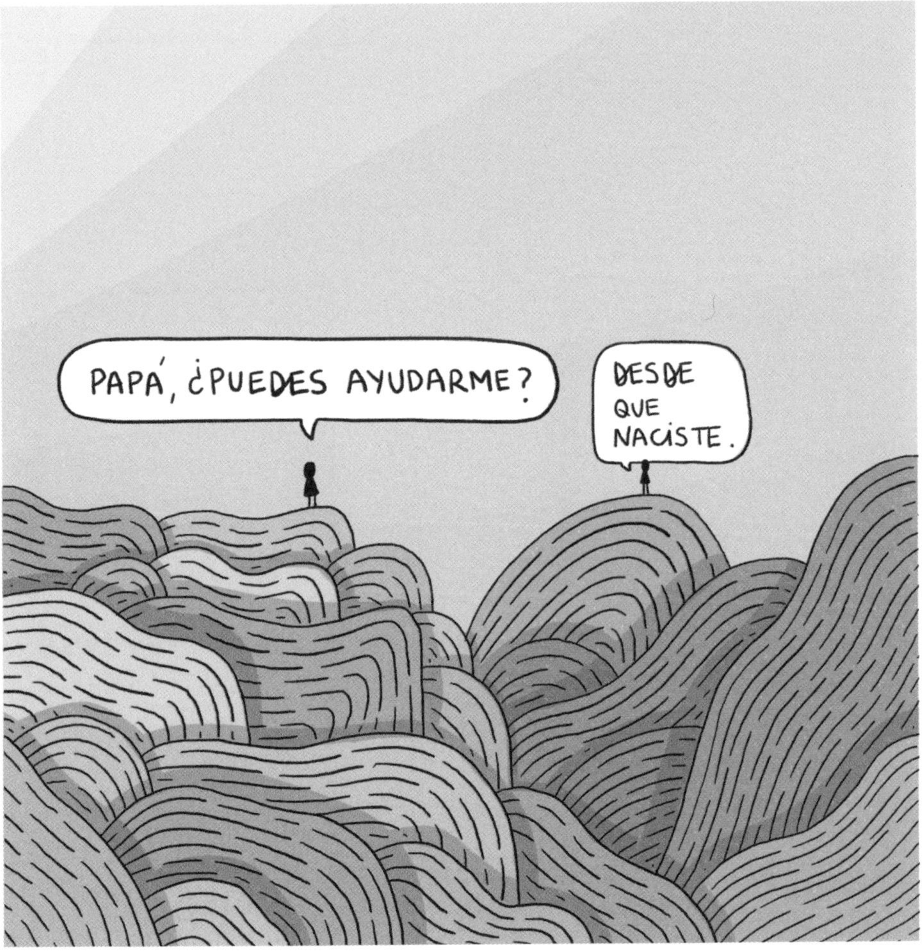
PAPÁ, ¿PUEDES AYUDARME?
DESDE QUE NACISTE.

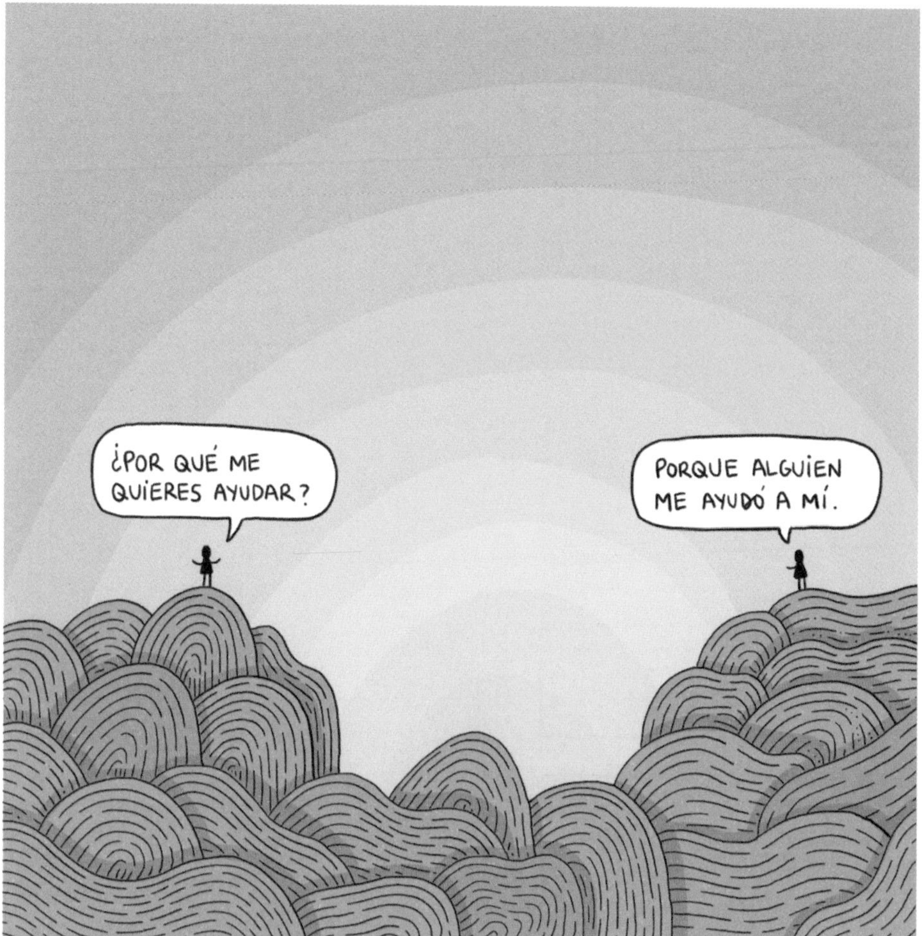
¿POR QUÉ ME QUIERES AYUDAR?
PORQUE ALGUIEN ME AYUDÓ A MÍ.

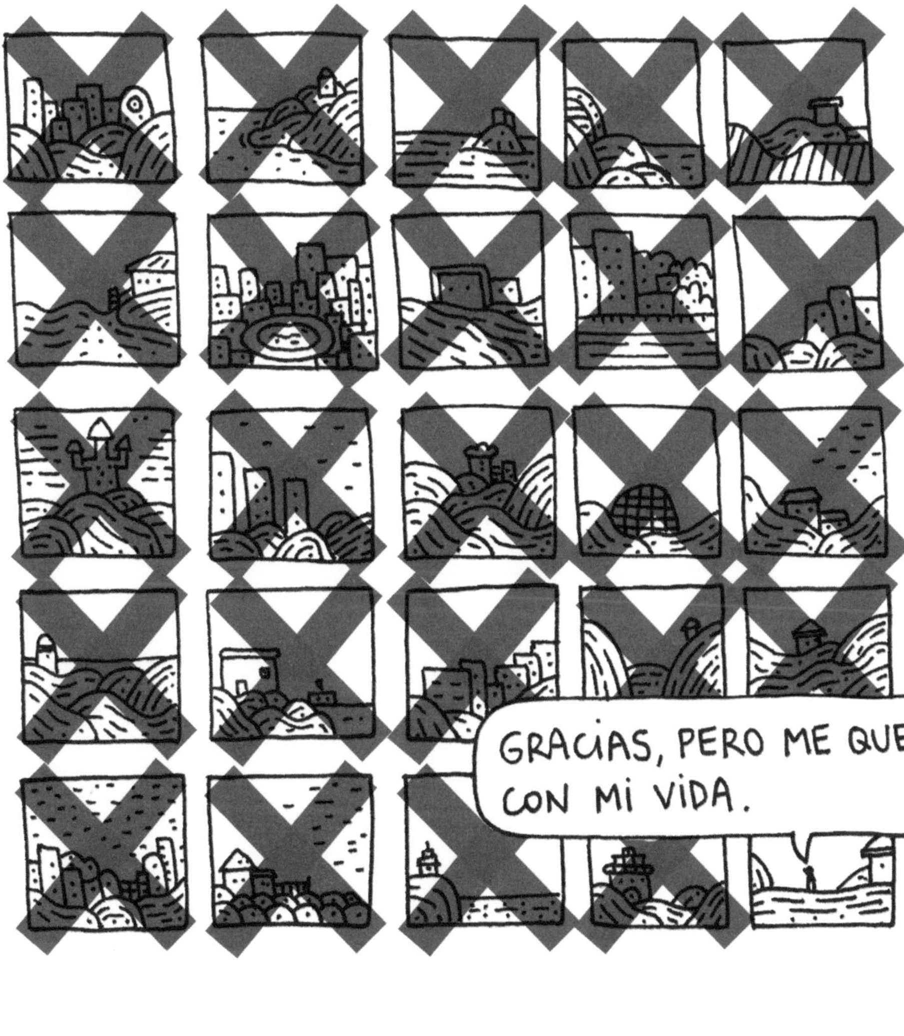
GRACIAS, PERO ME QUEDO CON MI VIDA.

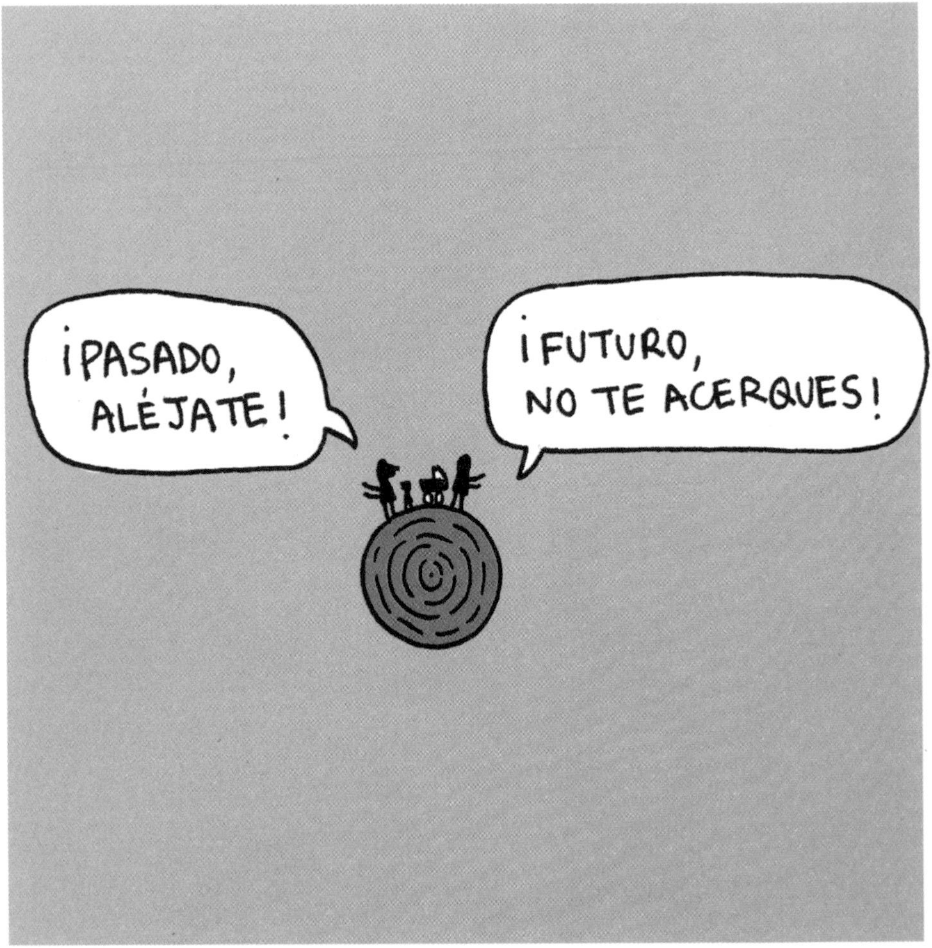
¡PASADO, ALÉJATE!
¡FUTURO, NO TE ACERQUES!

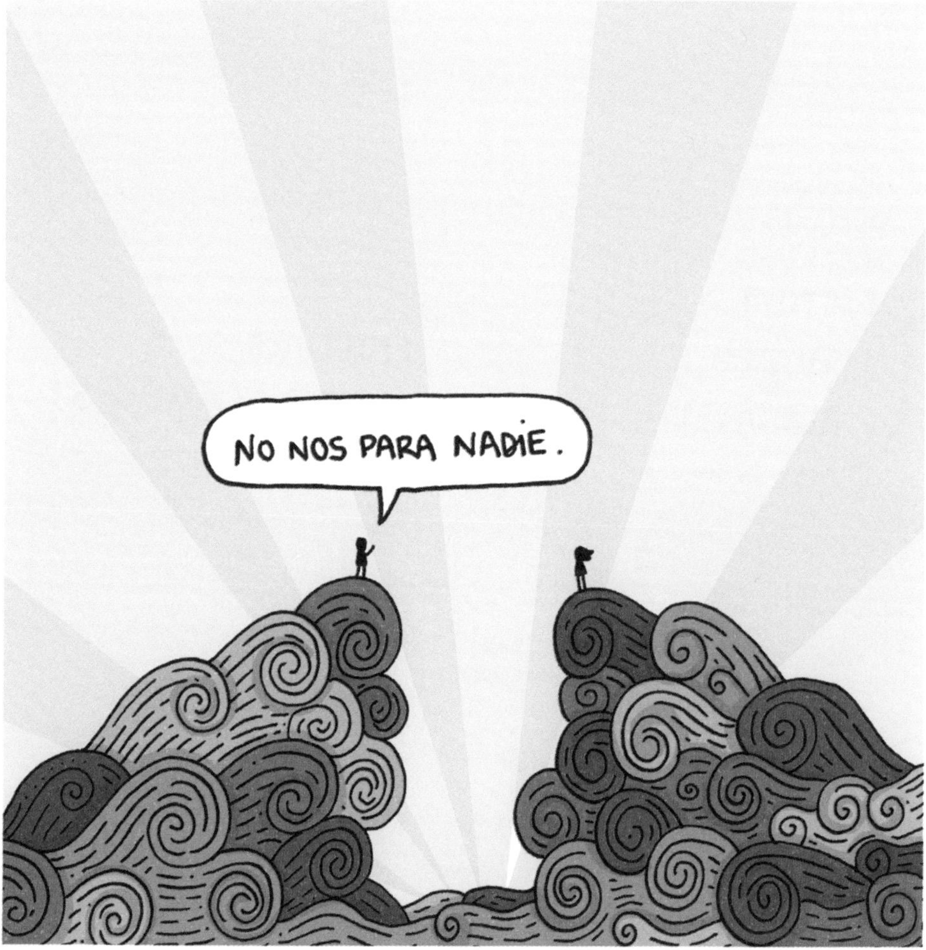
NO NOS PARA NADIE.

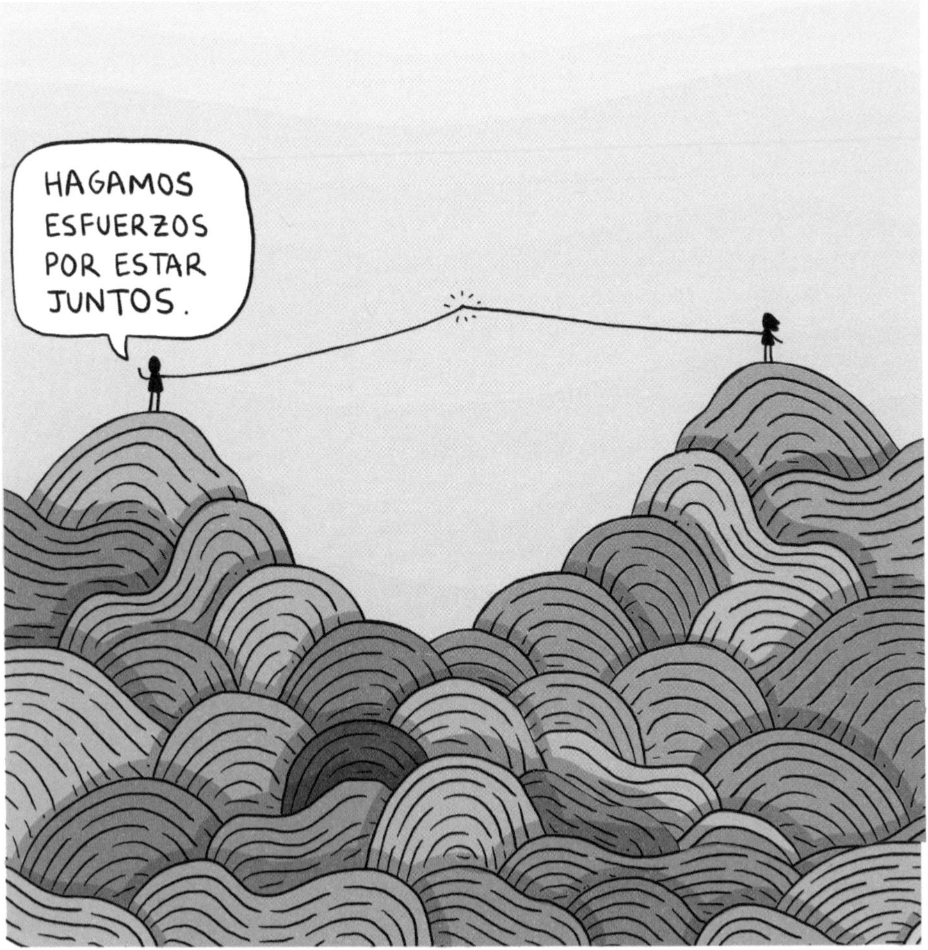
HAGAMOS ESFUERZOS POR ESTAR JUNTOS.

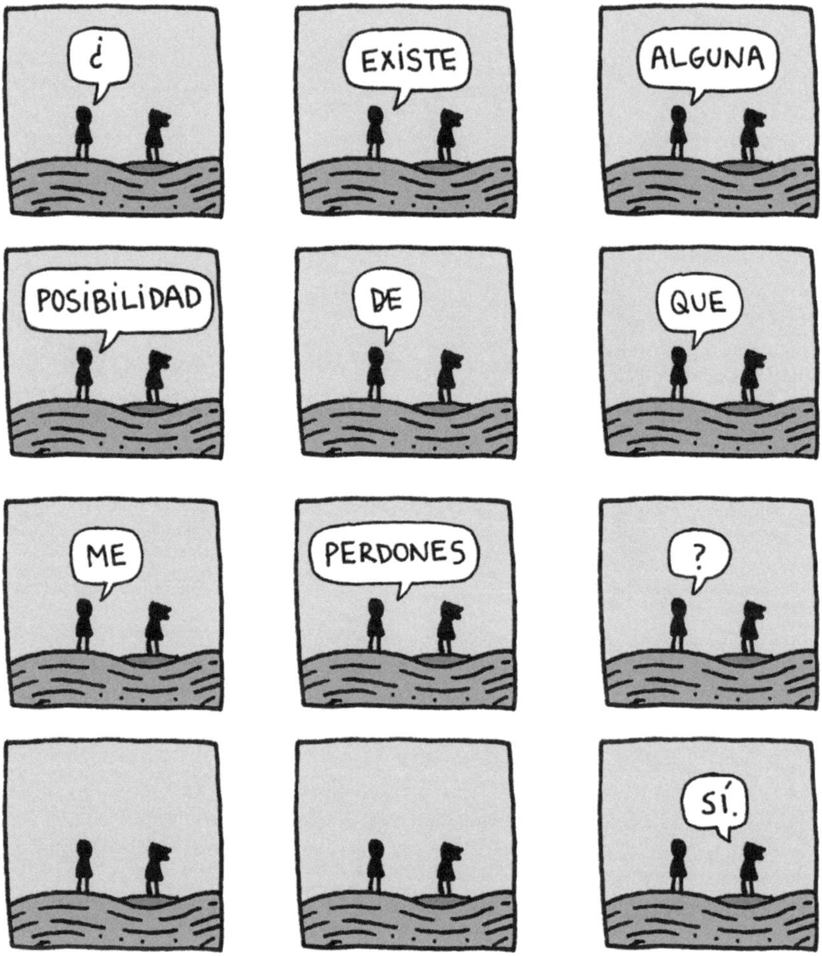
¿
EXISTE
ALGUNA
POSIBILIDAD
DE
QUE
ME
PERDONES
?
SÍ.

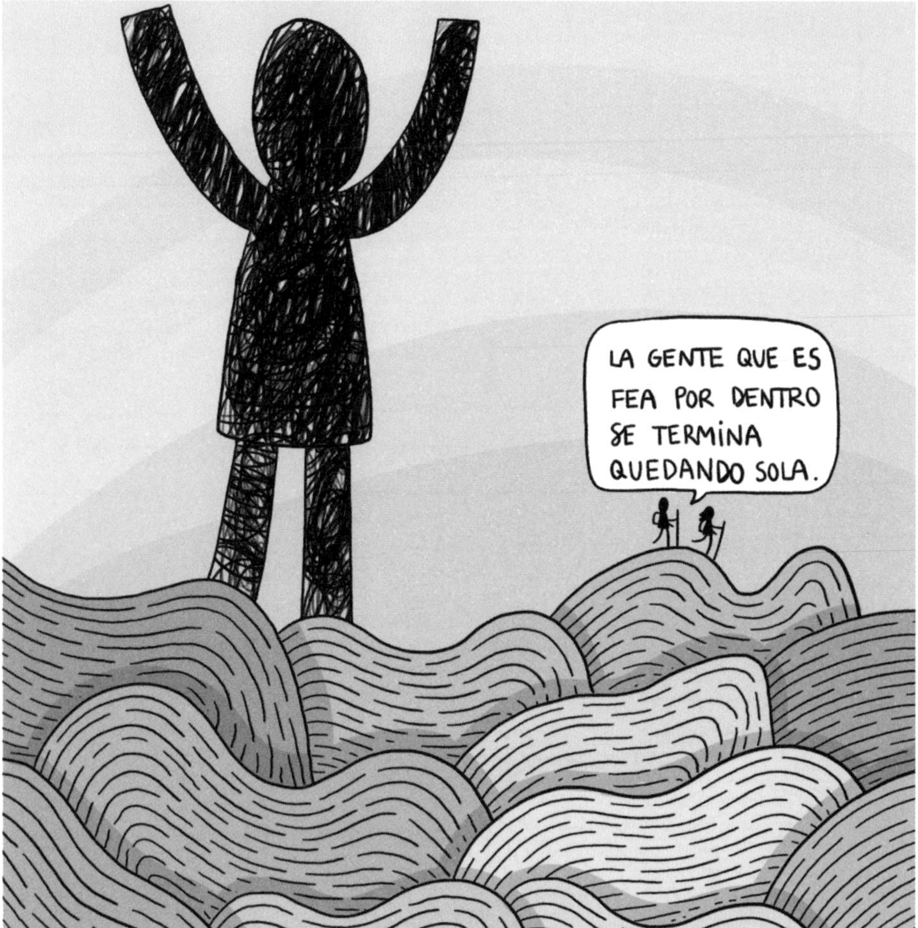
LA GENTE QUE ES FEA POR DENTRO SE TERMINA QUEDANDO SOLA.

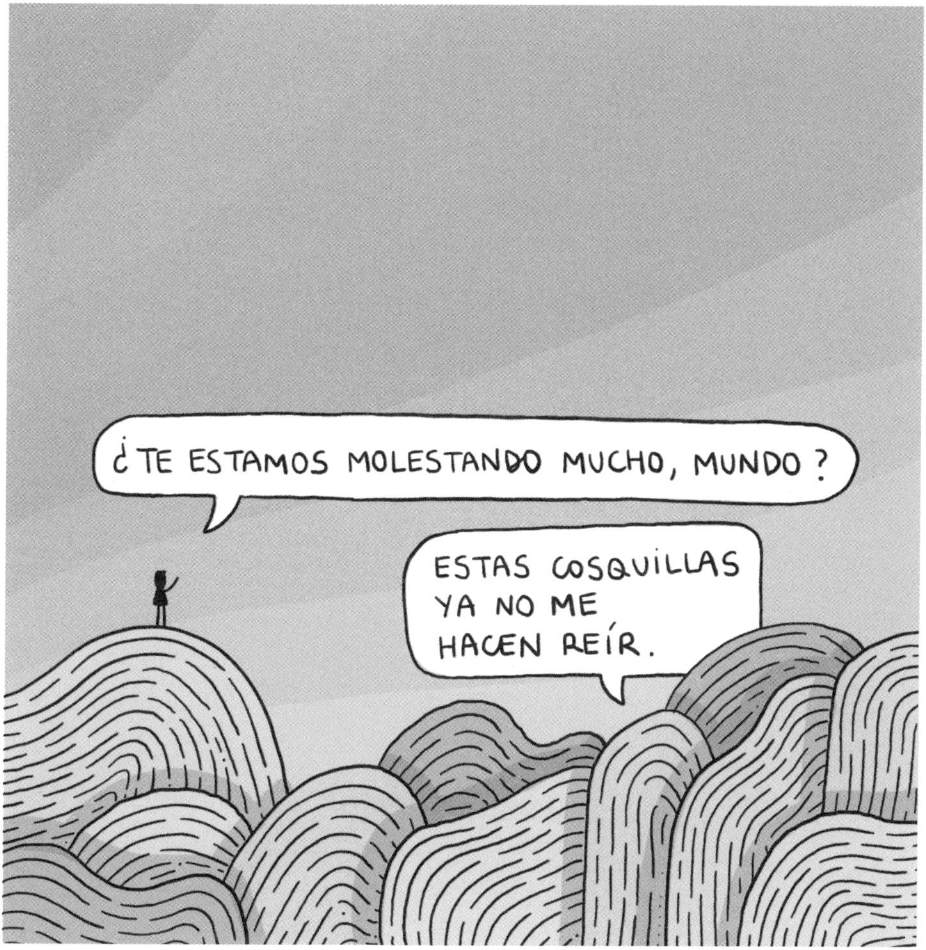
¿TE ESTAMOS MOLESTANDO MUCHO, MUNDO?
ESTAS COSQUILLAS YA NO ME HACEN REÍR.

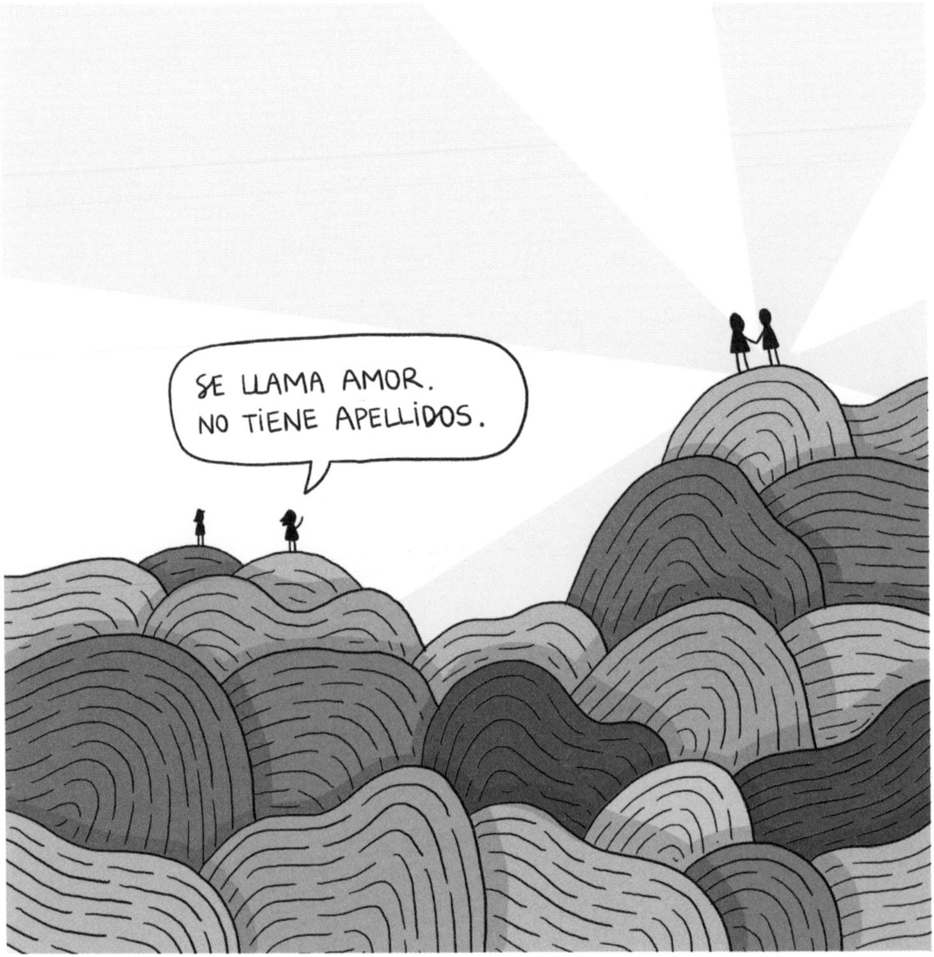
SE LLAMA AMOR.
NO TIENE APELLIDOS.

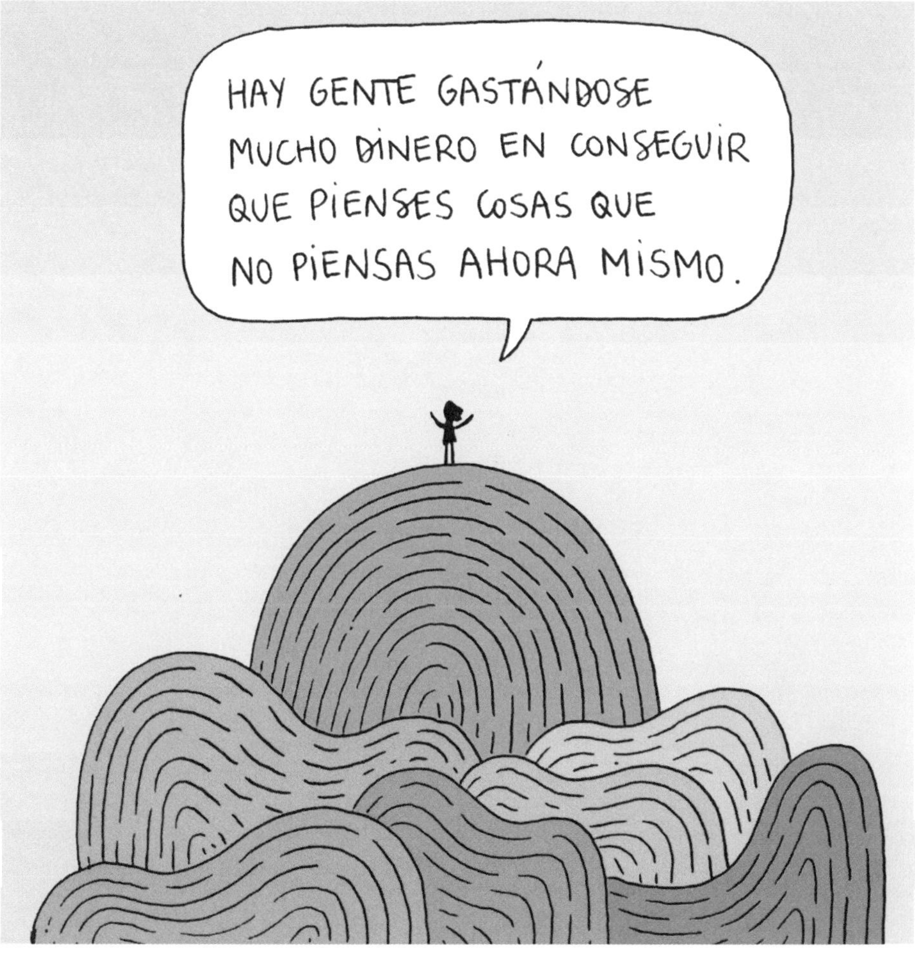
HAY GENTE GASTÁNDOSE MUCHO DINERO EN CONSEGUIR QUE PIENSES COSAS QUE NO PIENSAS AHORA MISMO.

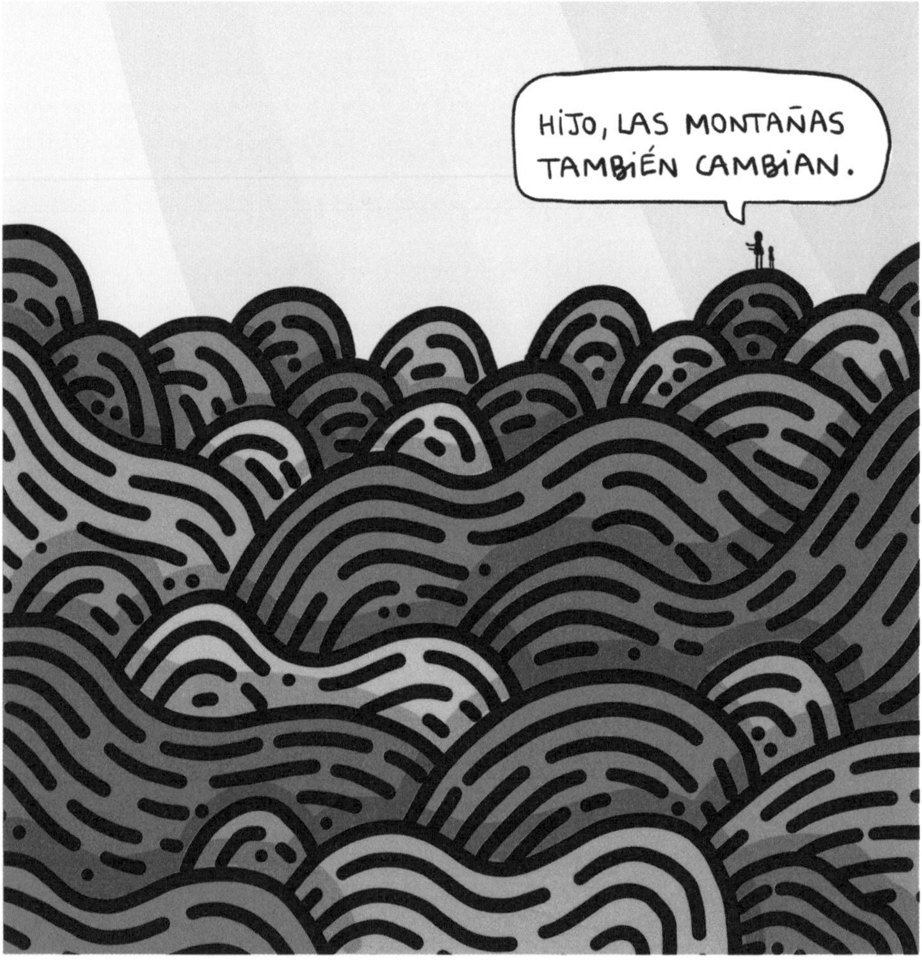
HIJO, LAS MONTAÑAS TAMBIÉN CAMBIAN.

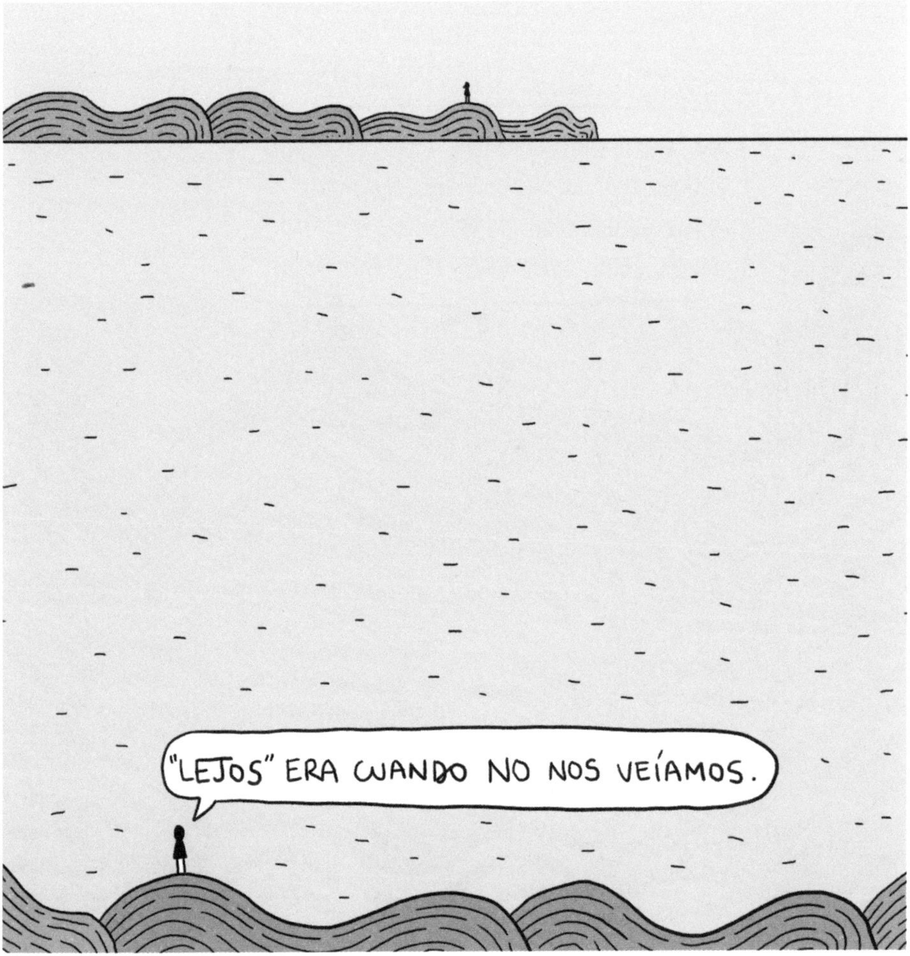
"LEJOS" ERA CUANDO NO NOS VEÍAMOS.

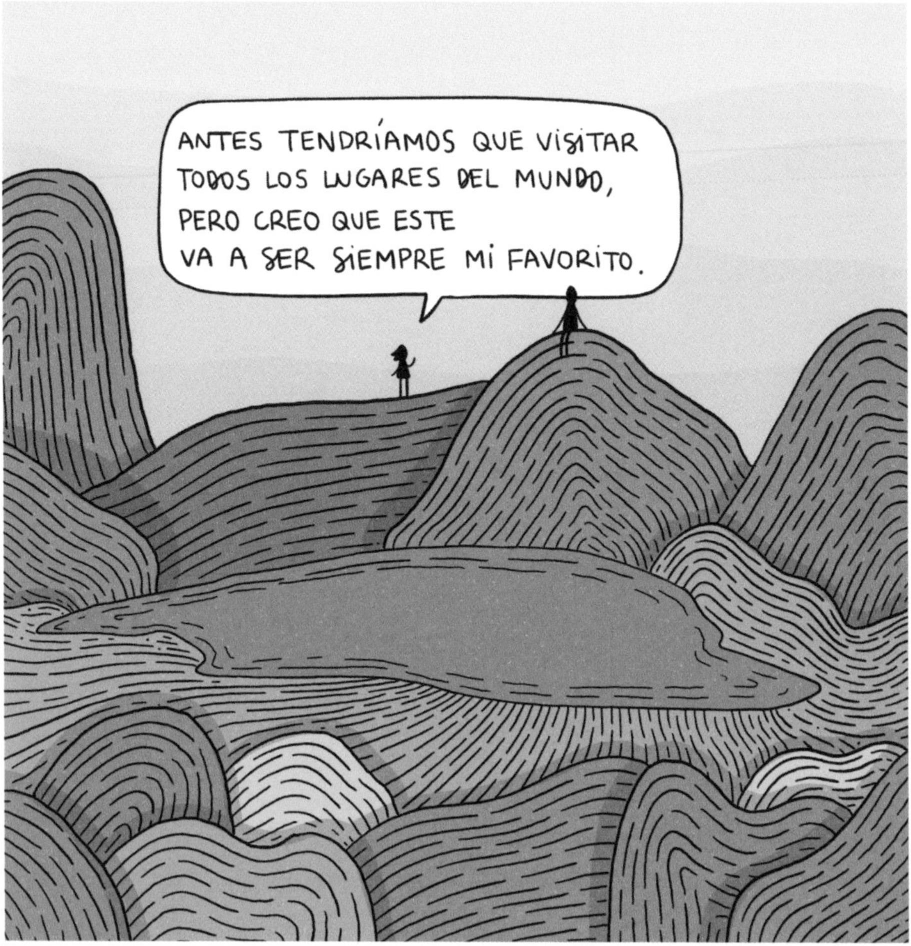
ANTES TENDRÍAMOS QUE VISITAR TODOS LOS LUGARES DEL MUNDO, PERO CREO QUE ESTE VA A SER SIEMPRE MI FAVORITO.

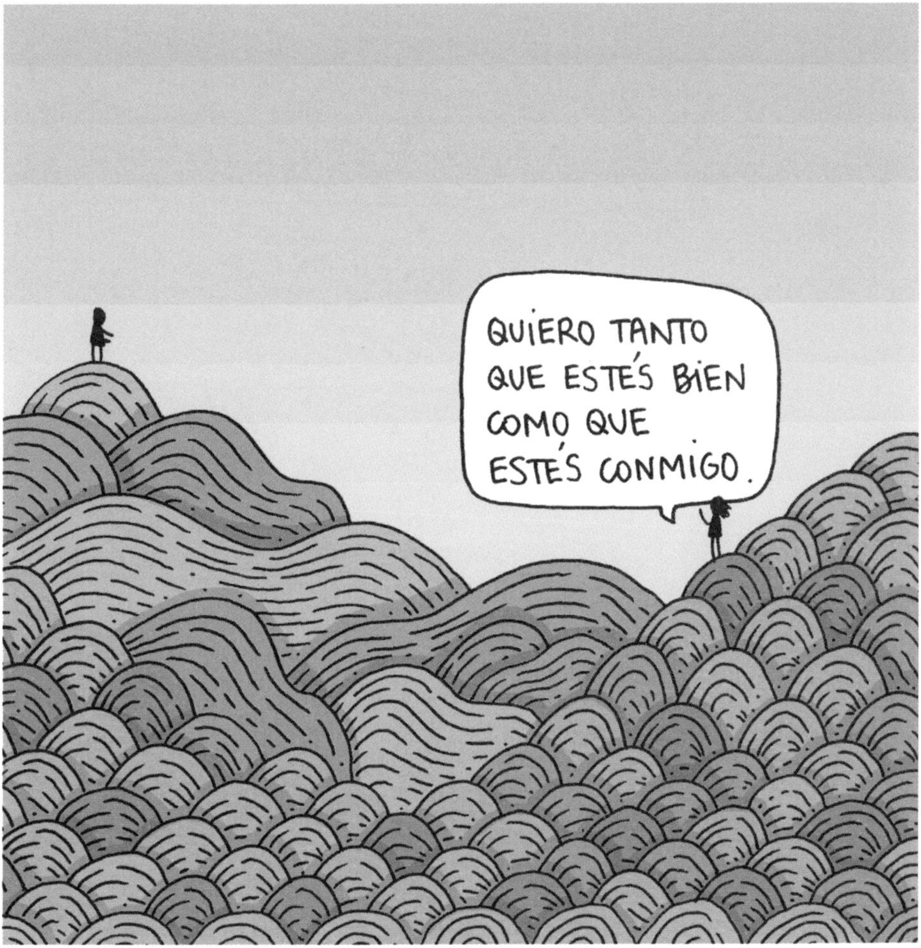
QUIERO TANTO QUE ESTÉS BIEN COMO QUE ESTÉS CONMIGO.

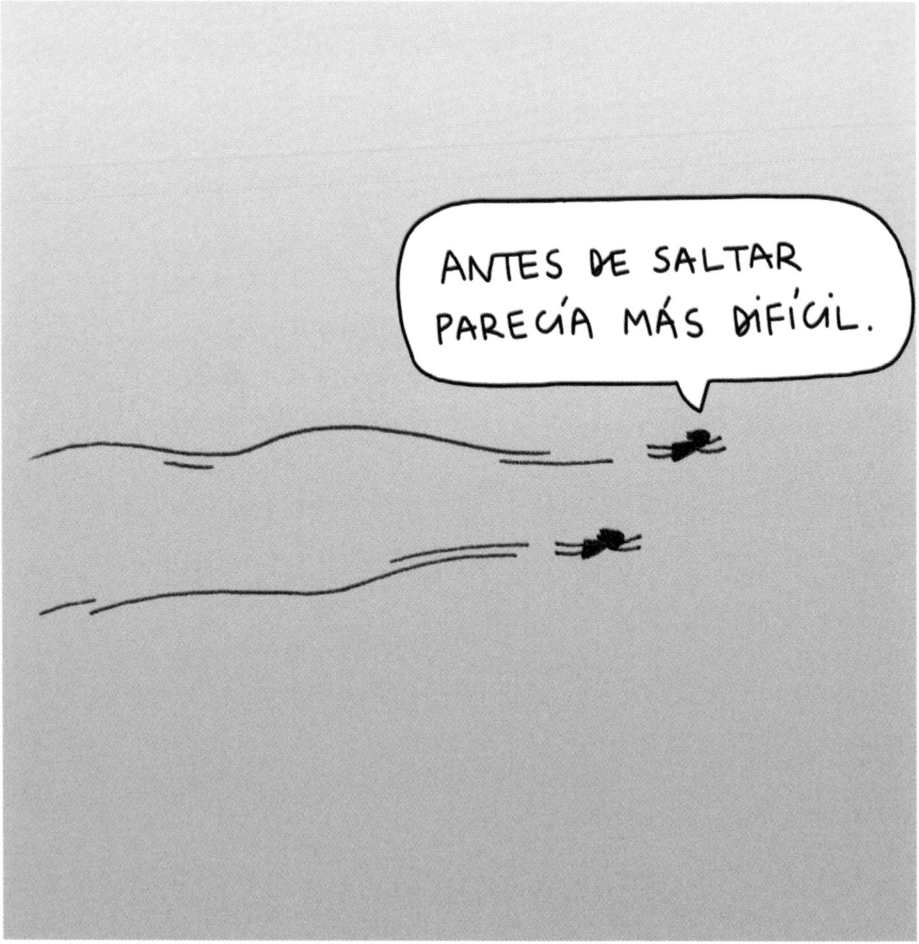
ANTES DE SALTAR PARECÍA MÁS DIFÍCIL.

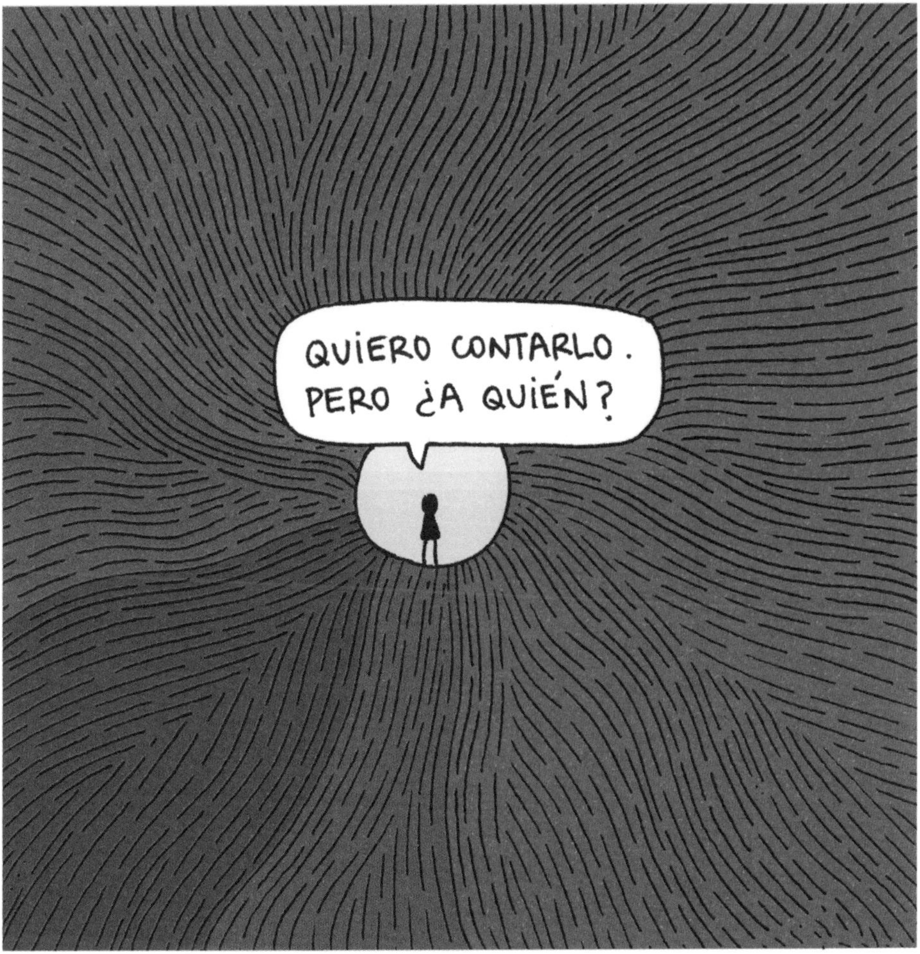
QUIERO CONTARLO.
PERO ¿A QUIÉN?

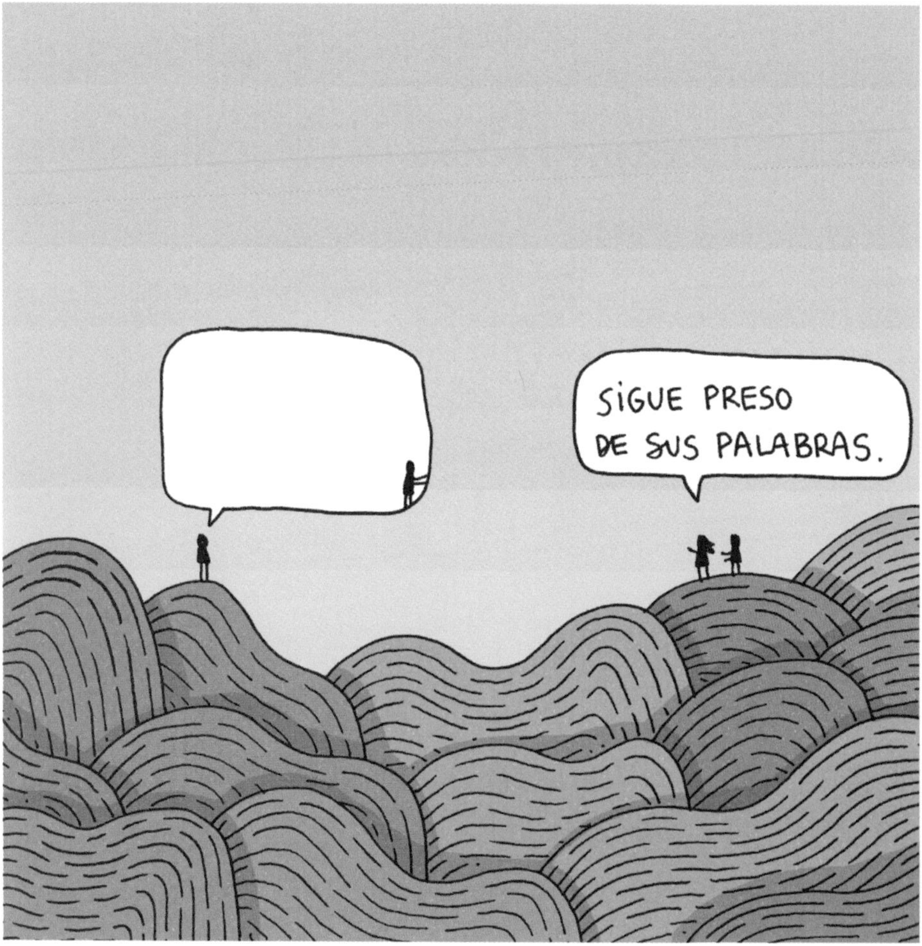
SIGUE PRESO
DE SUS PALABRAS.

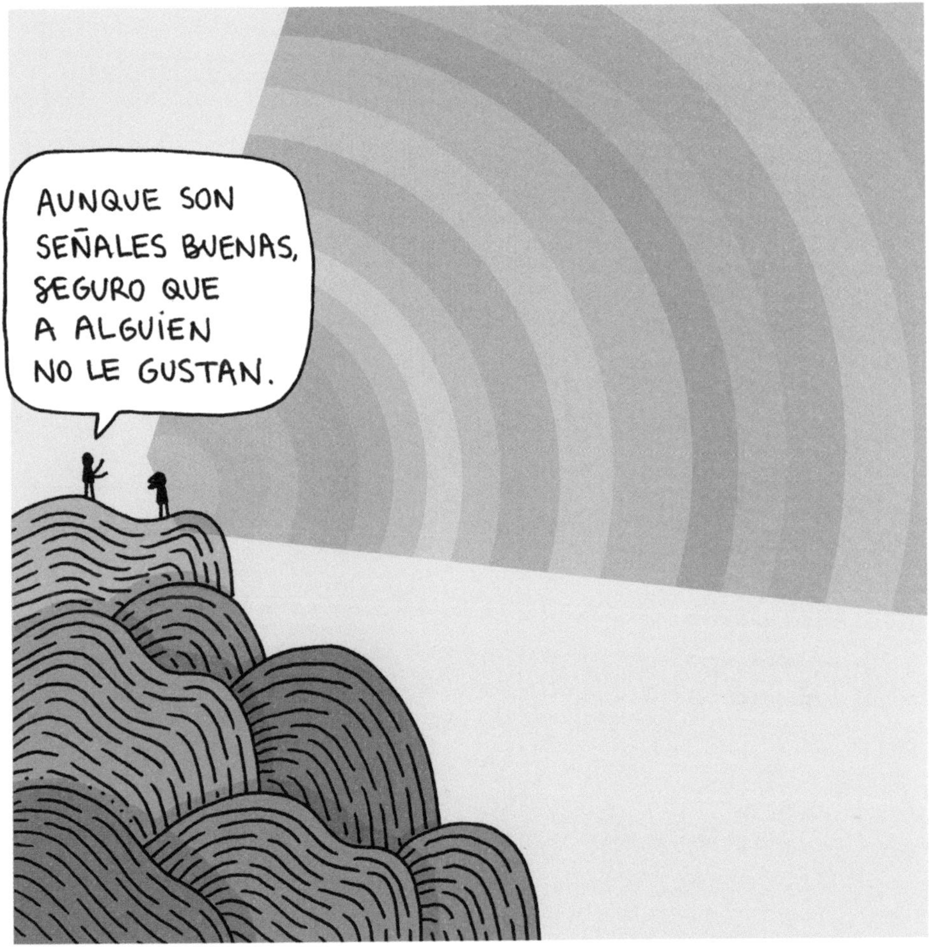
AUNQUE SON SEÑALES BUENAS, SEGURO QUE A ALGUIEN NO LE GUSTAN.

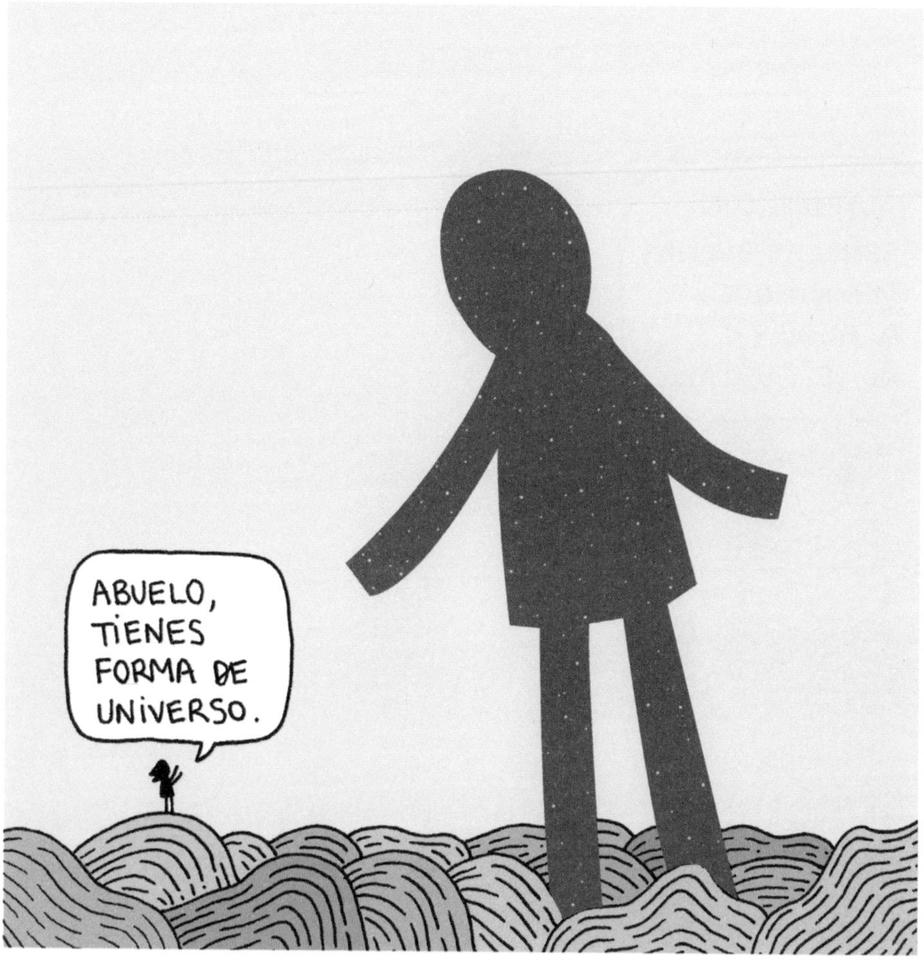
ABUELO, TIENES FORMA DE UNIVERSO.

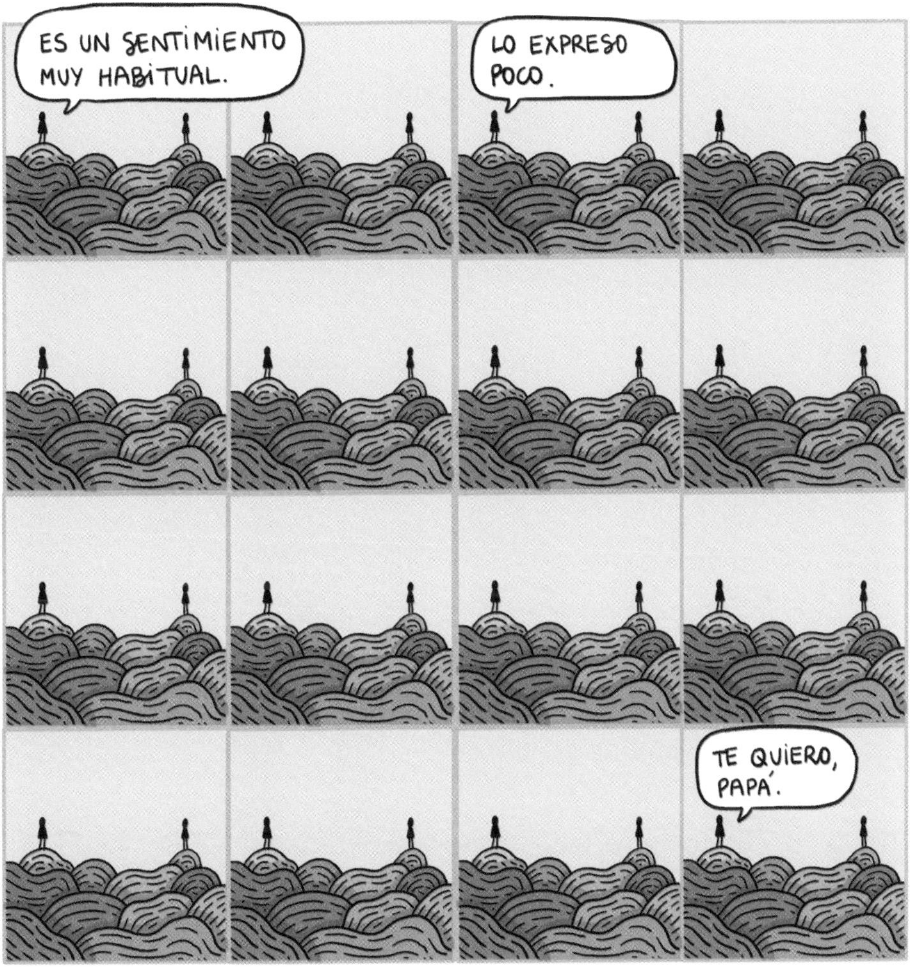
ES UN SENTIMIENTO MUY HABITUAL.
LO EXPRESO POCO.
TE QUIERO, PAPÁ.

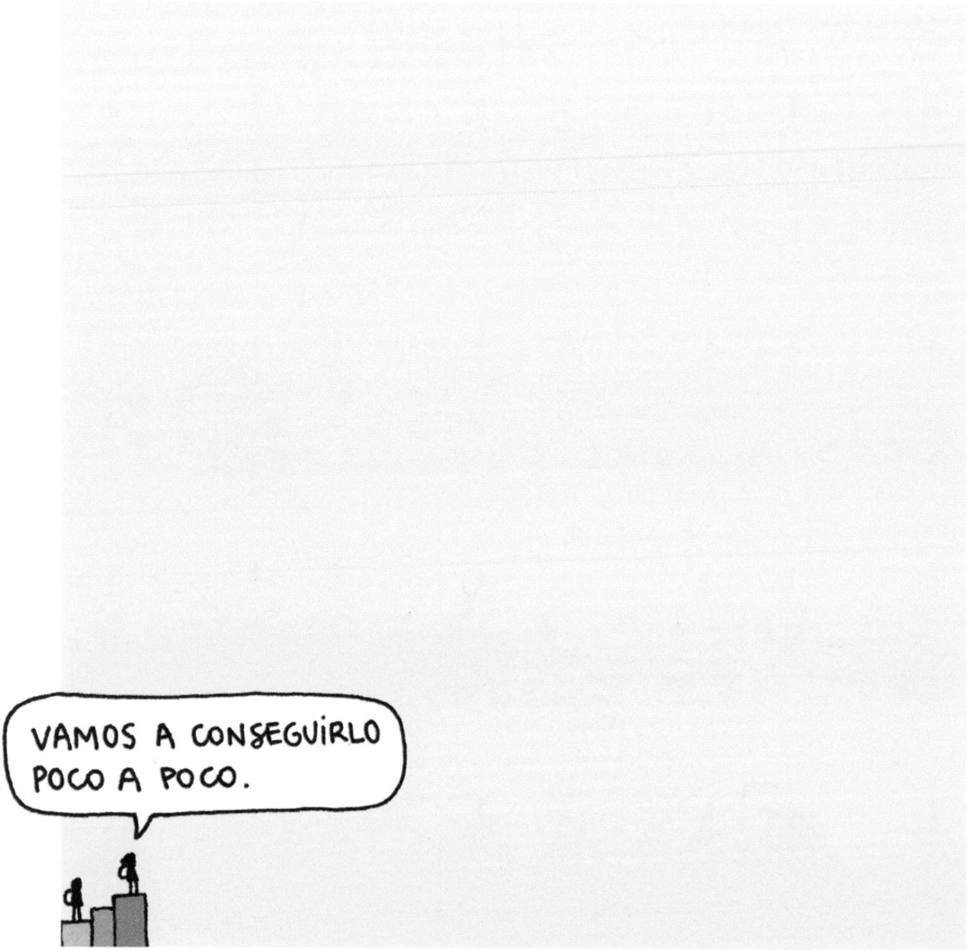
VAMOS A CONSEGUIRLO POCO A POCO.

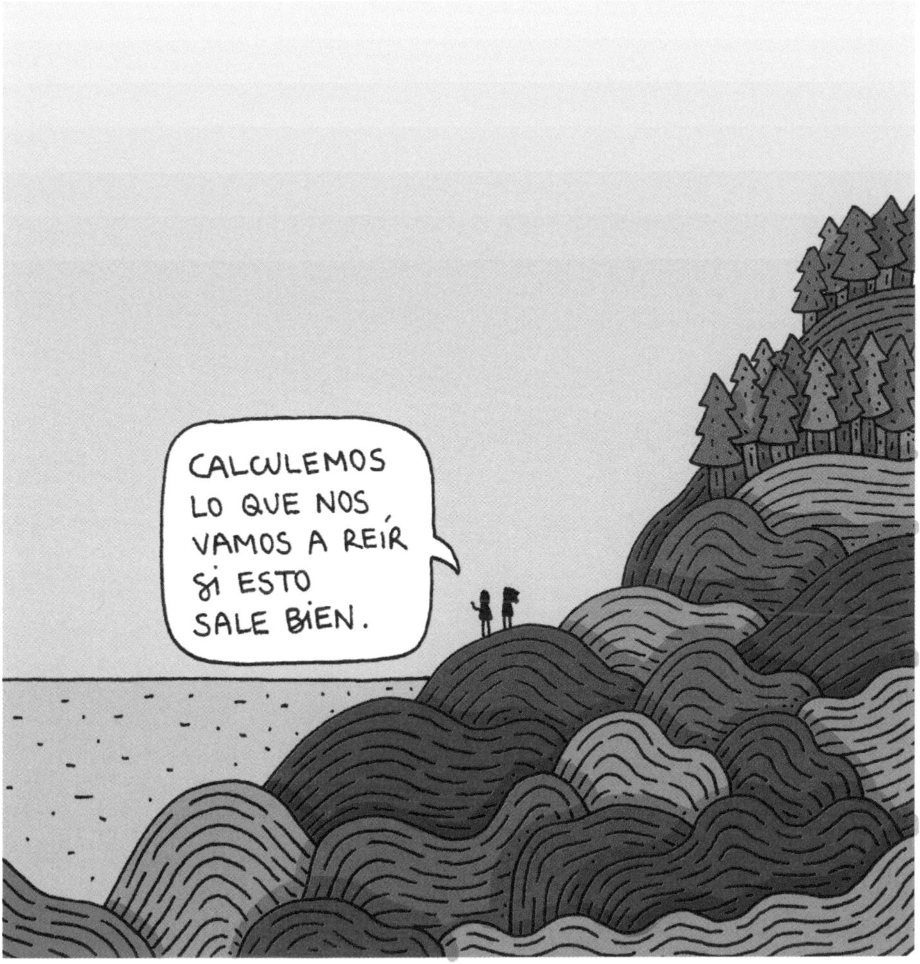
CALCULEMOS LO QUE NOS VAMOS A REÍR SI ESTO SALE BIEN.

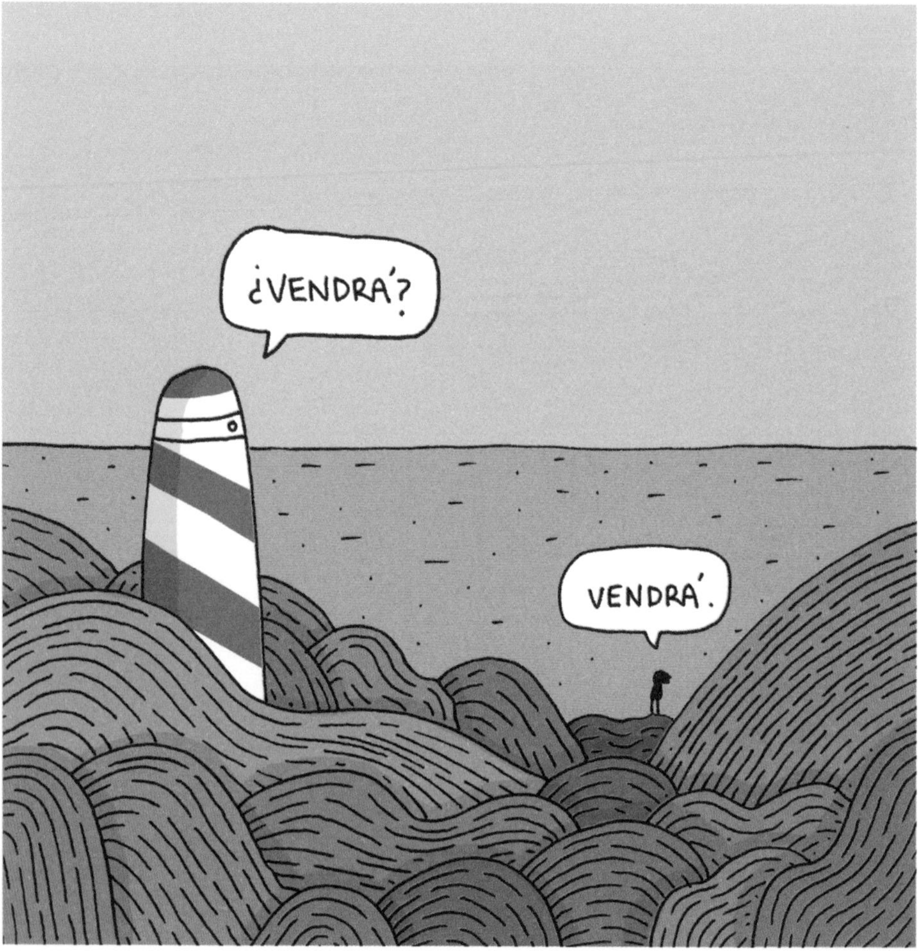
¿VENDRÁ?
VENDRÁ.

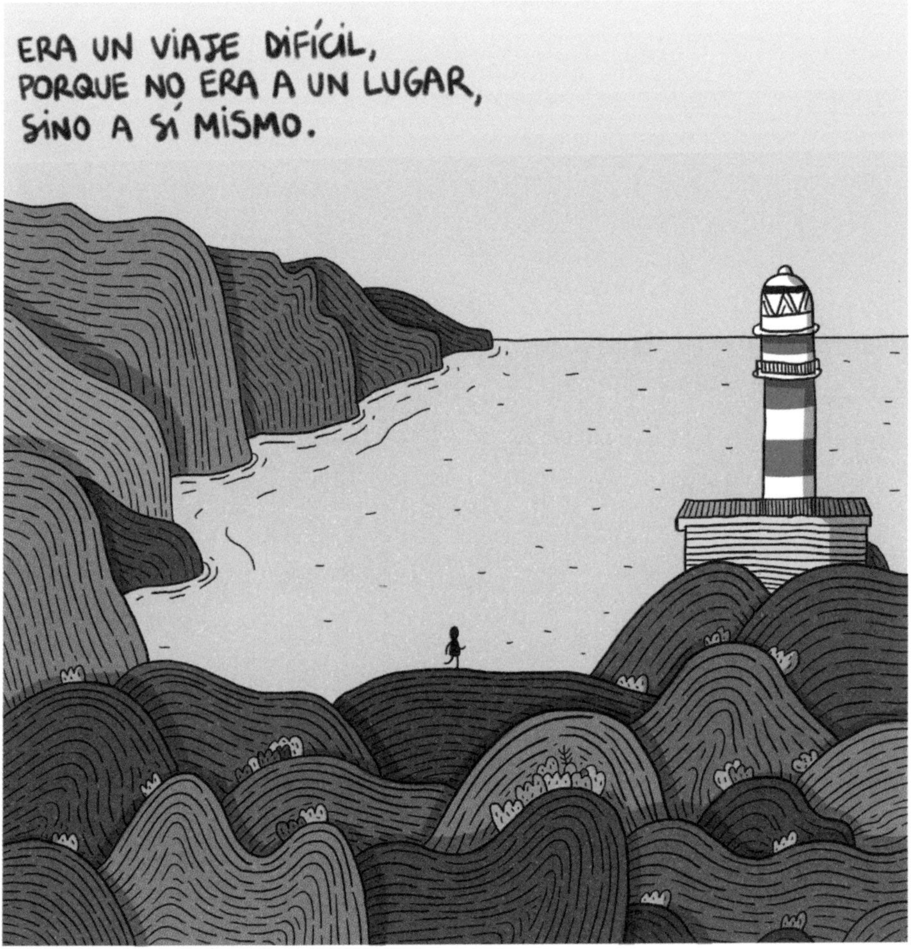
ERA UN VIAJE DIFÍCIL,
PORQUE NO ERA A UN LUGAR,
SINO A SÍ MISMO.

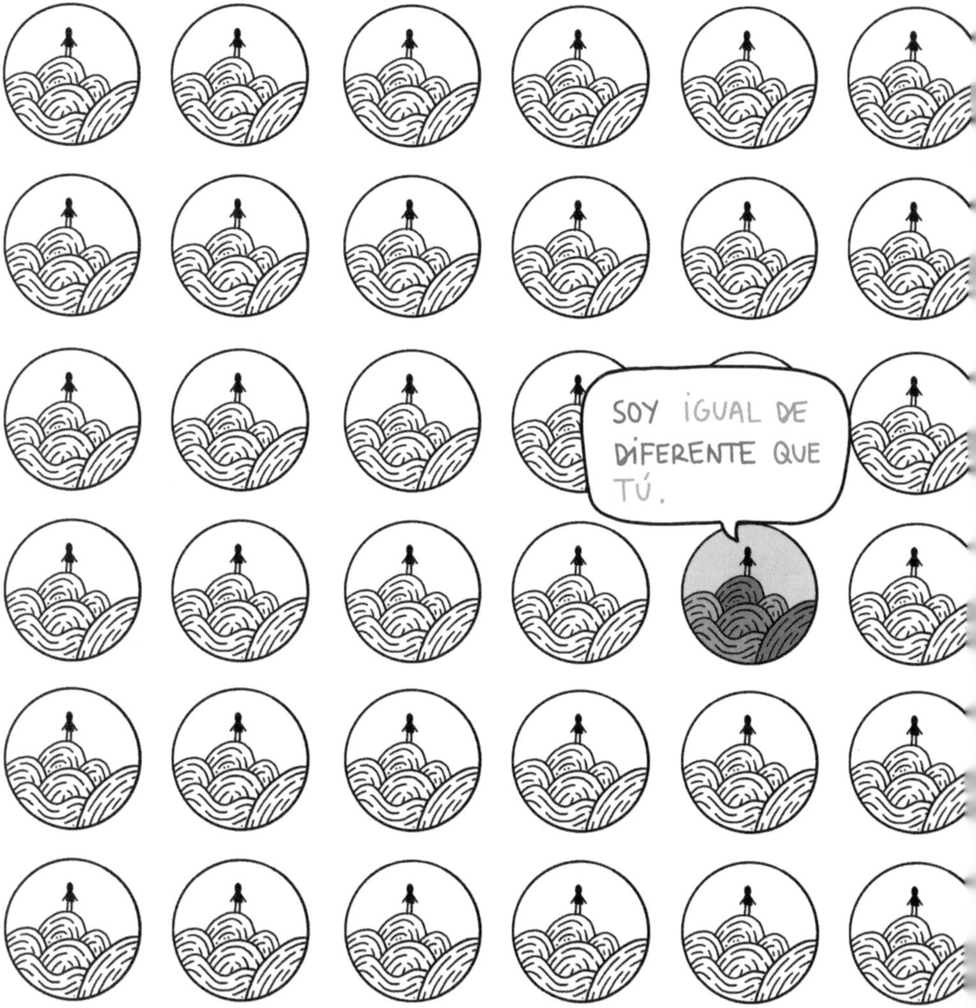
SOY IGUAL DE DIFERENTE QUE TÚ.

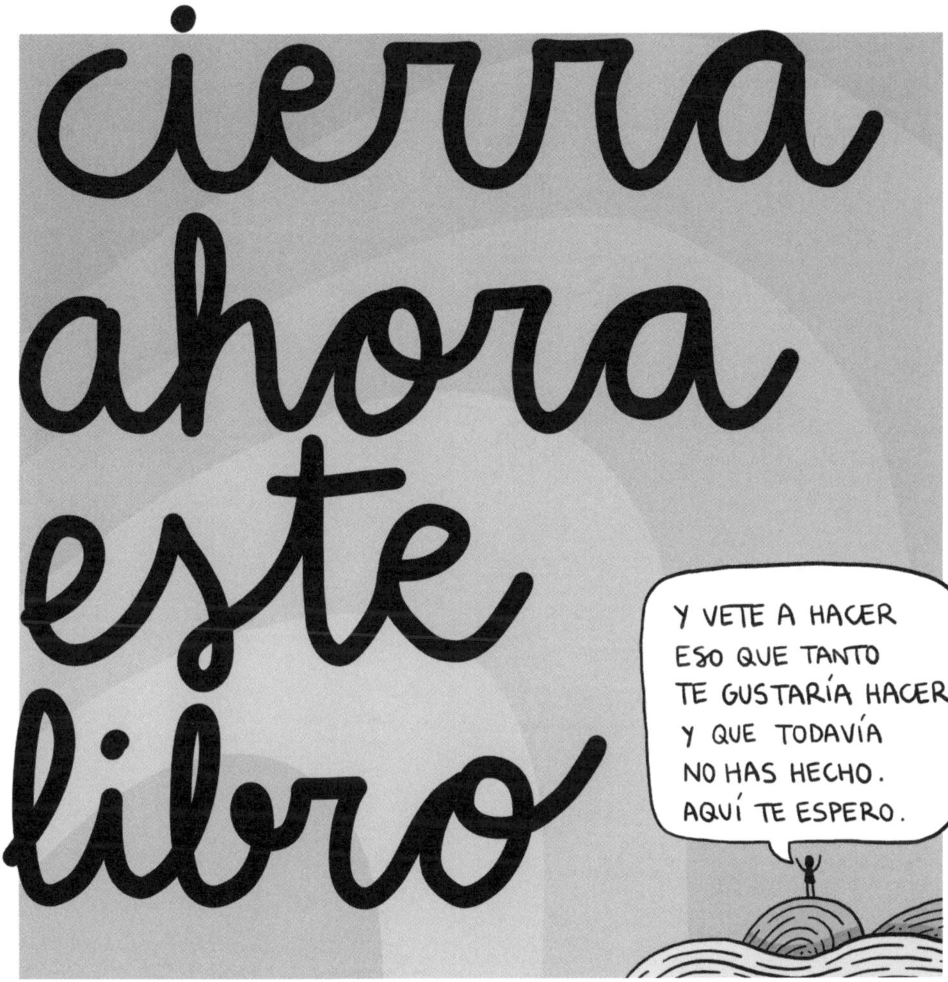
cierra ahora este libro
Y VETE A HACER ESO QUE TANTO TE GUSTARÍA HACER Y QUE TODAVÍA NO HAS HECHO. AQUÍ TE ESPERO.

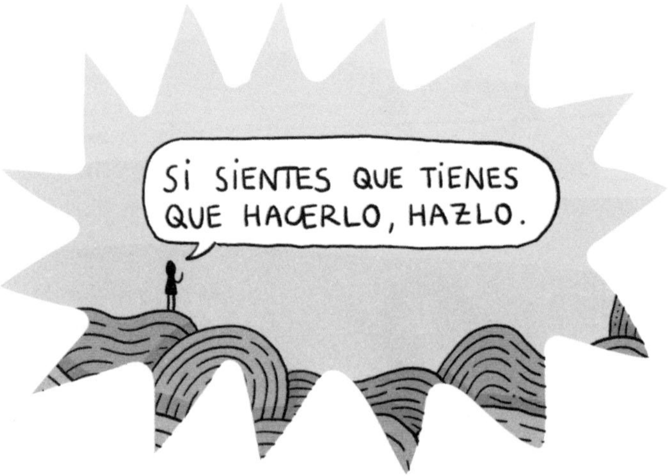
SI SIENTES QUE TIENES QUE HACERLO, HAZLO.

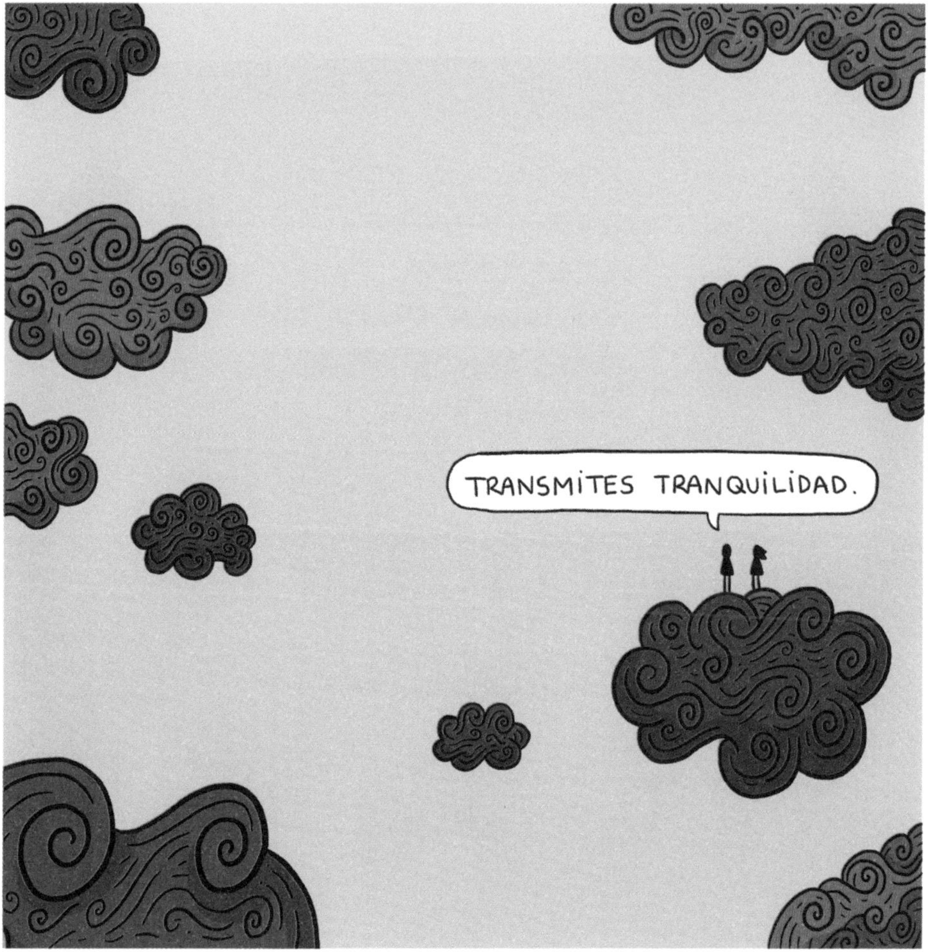
TRANSMITES TRANQUILIDAD.

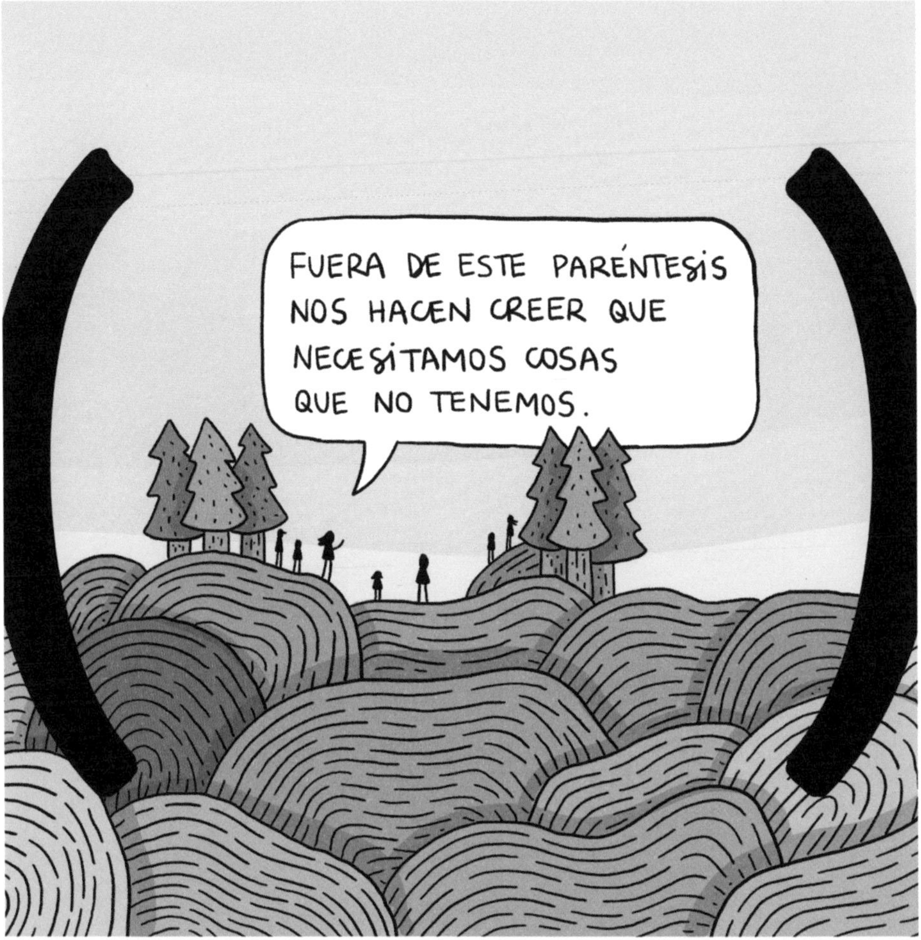
FUERA DE ESTE PARÉNTESIS NOS HACEN CREER QUE NECESITAMOS COSAS QUE NO TENEMOS.

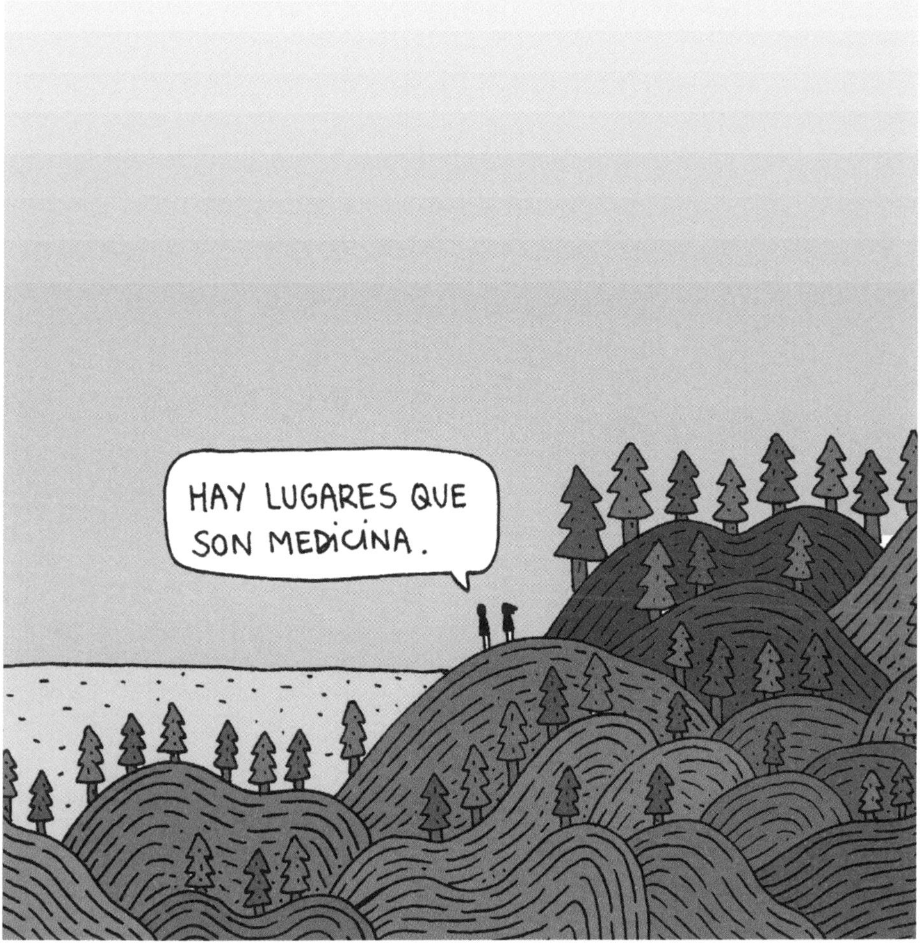
HAY LUGARES QUE
SON MEDICINA.

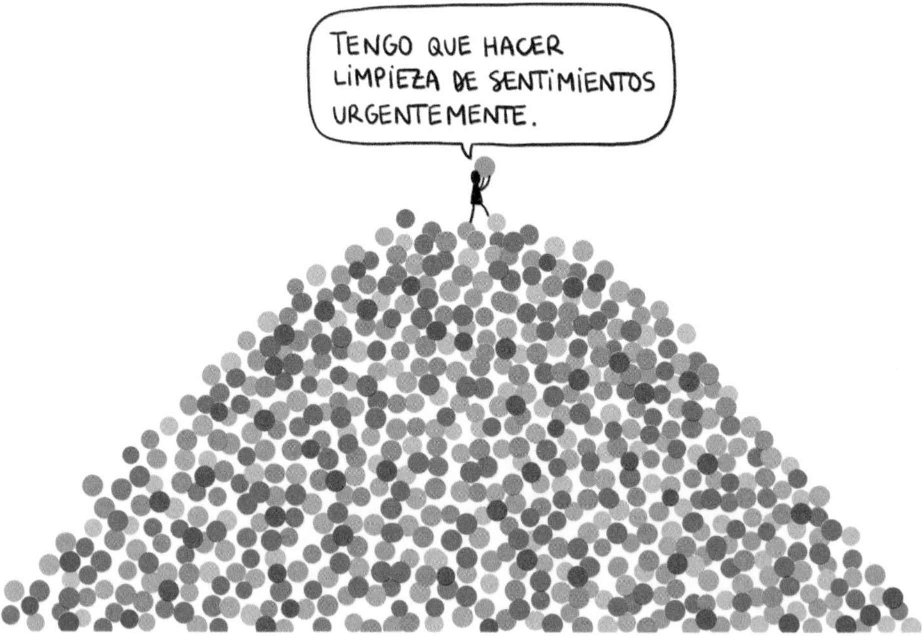
TENGO QUE HACER LIMPIEZA DE SENTIMIENTOS URGENTEMENTE.

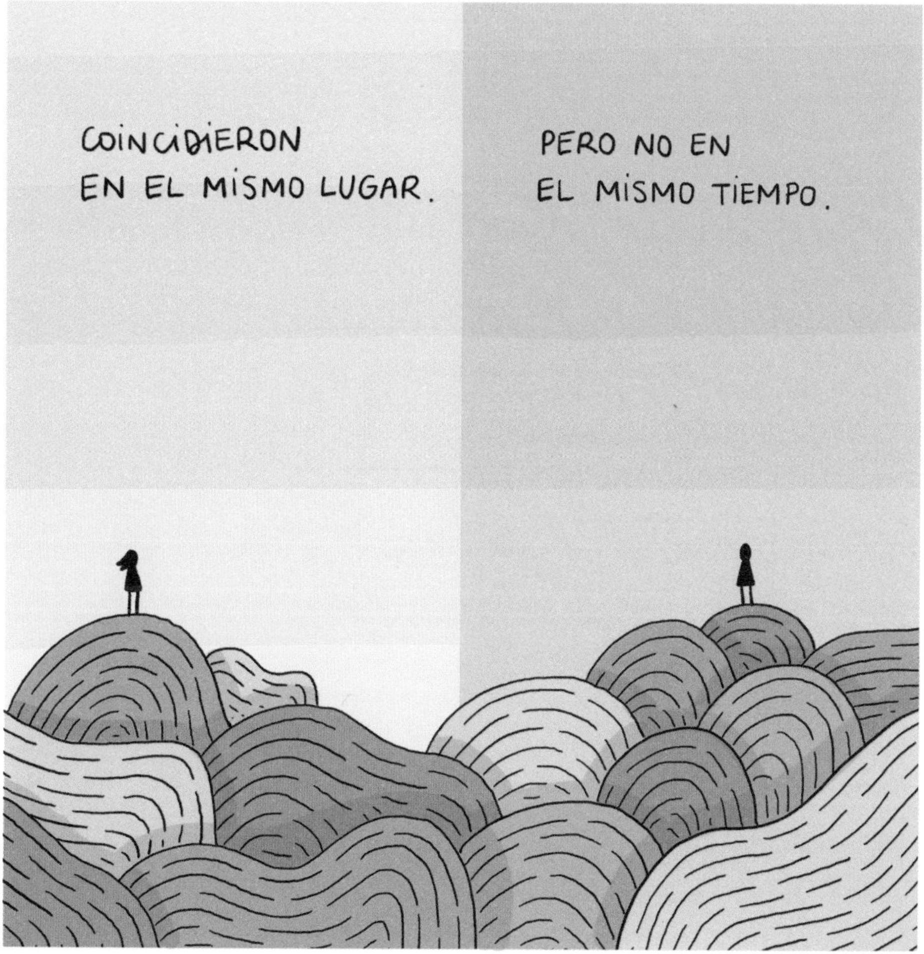
COINCIDIERON
EN EL MISMO LUGAR.
PERO NO EN
EL MISMO TIEMPO.

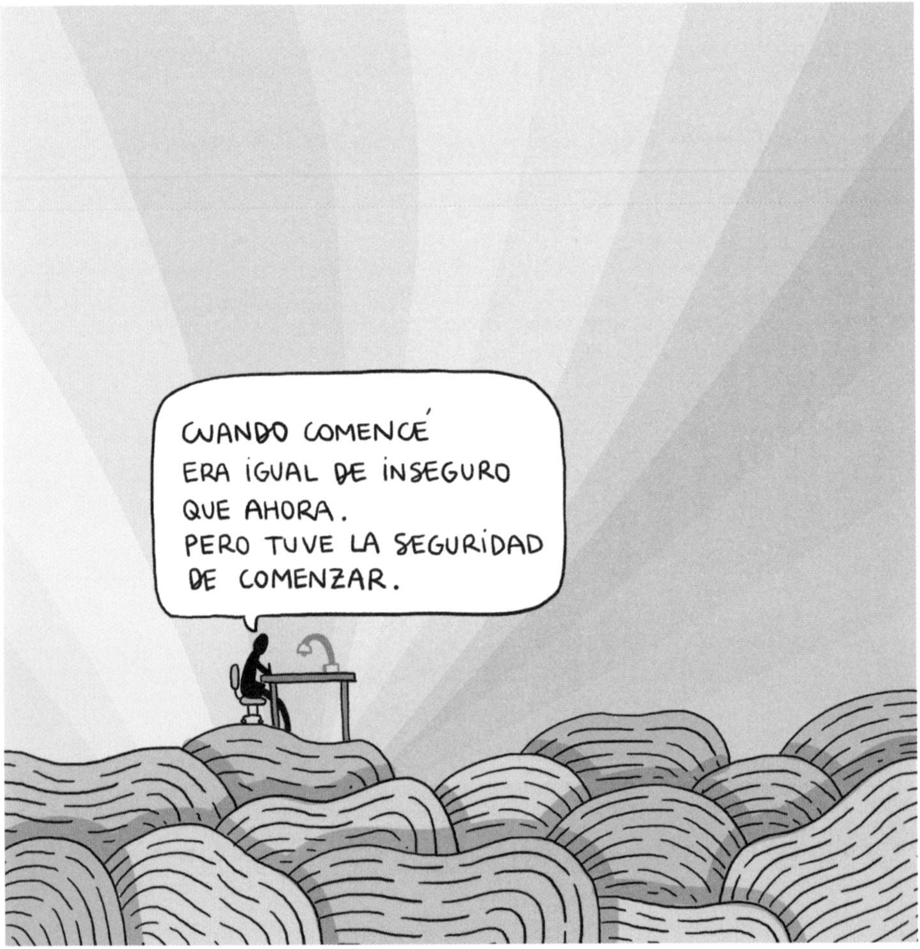
CUANDO COMENCÉ ERA IGUAL DE INSEGURO QUE AHORA. PERO TUVE LA SEGURIDAD DE COMENZAR.

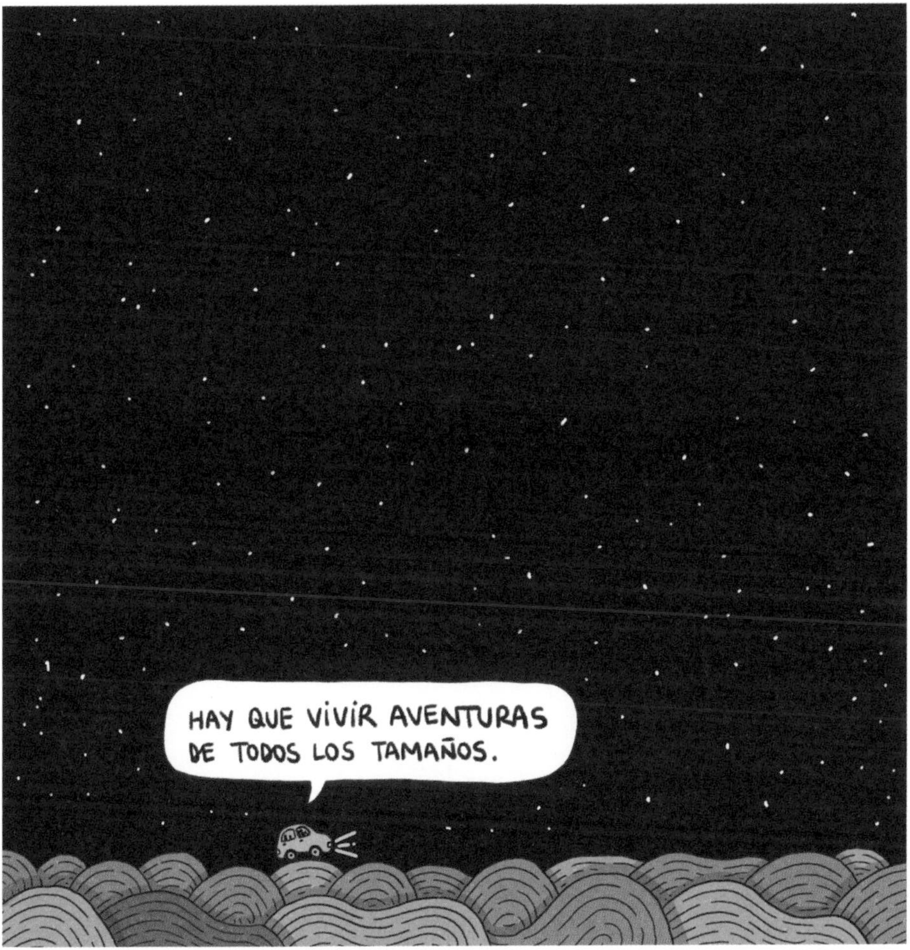
HAY QUE VIVIR AVENTURAS DE TODOS LOS TAMAÑOS.

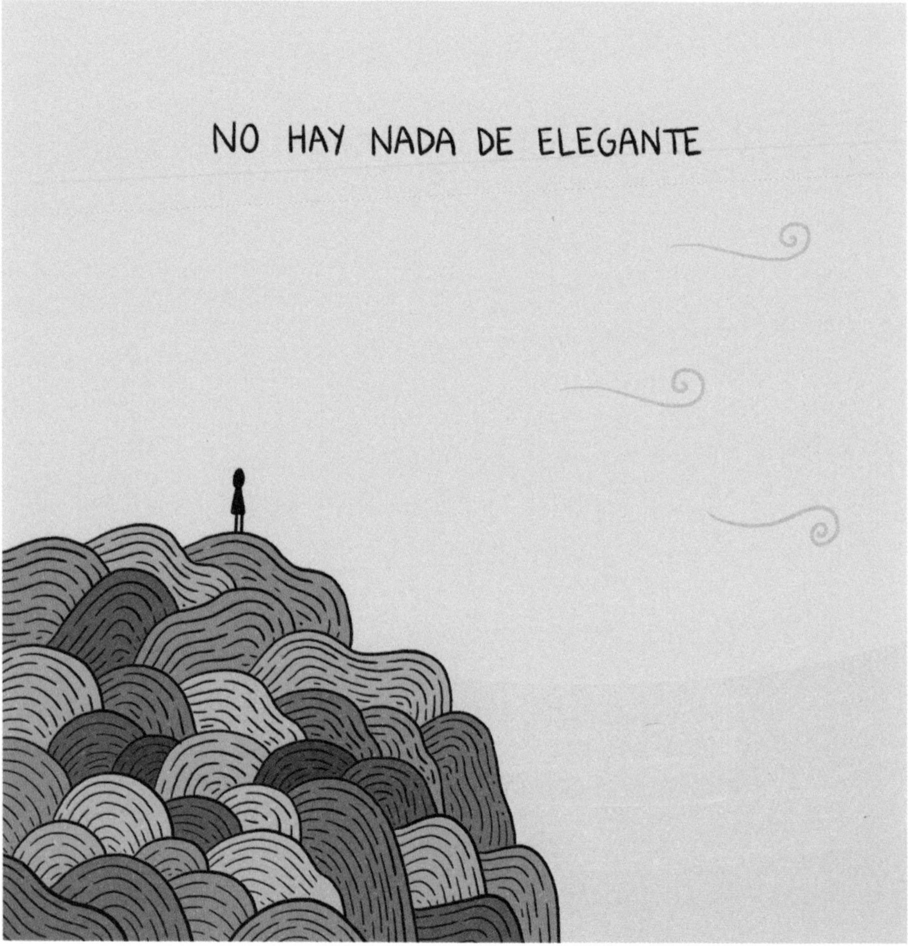
NO HAY NADA DE ELEGANTE

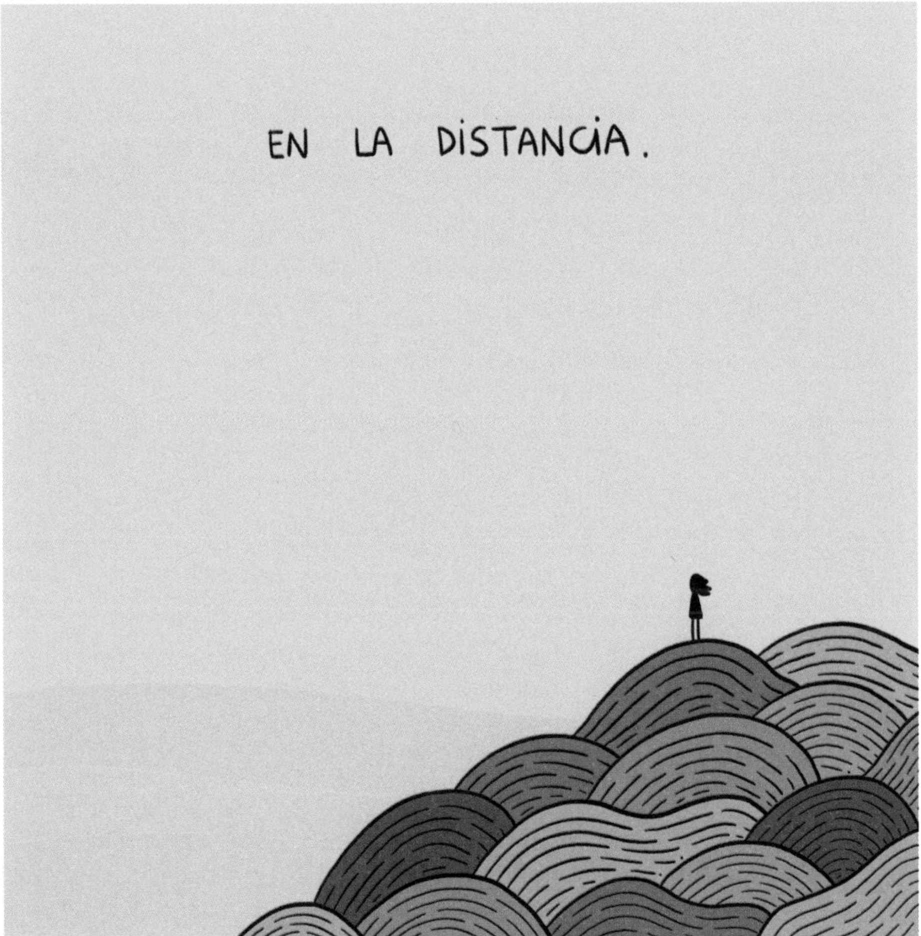
EN LA DISTANCIA.

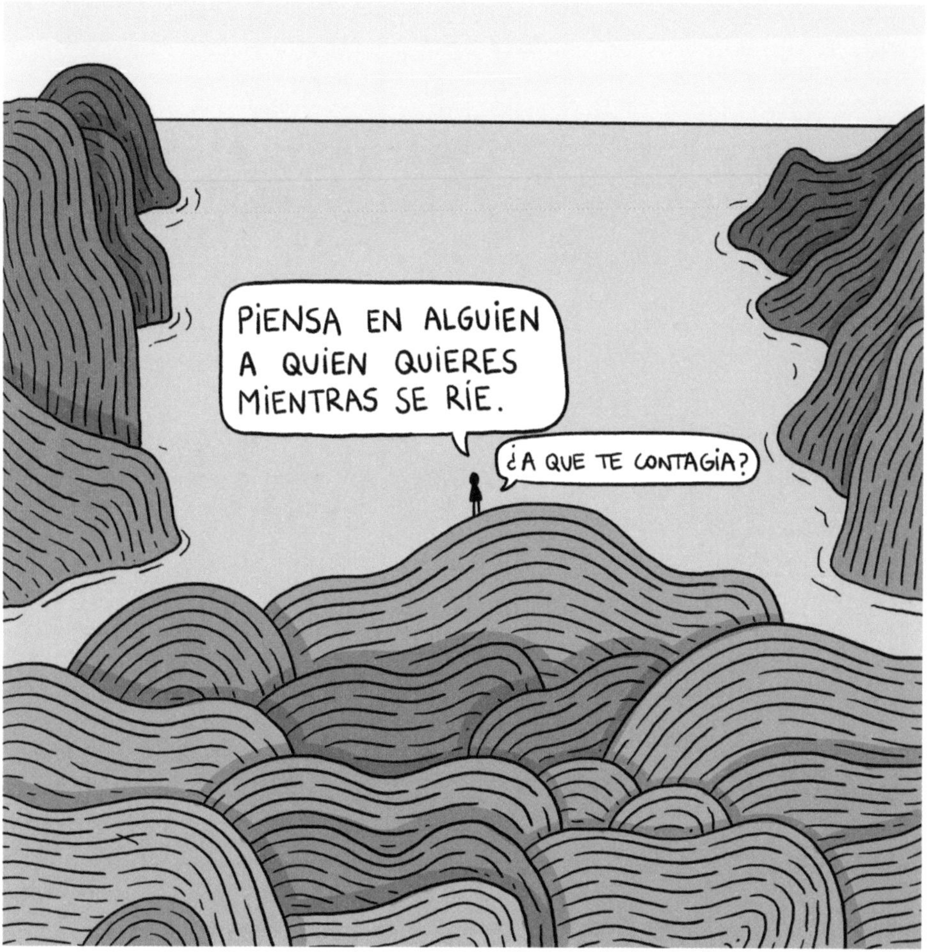
PIENSA EN ALGUIEN A QUIEN QUIERES MIENTRAS SE RÍE.
¿A QUE TE CONTAGIA?

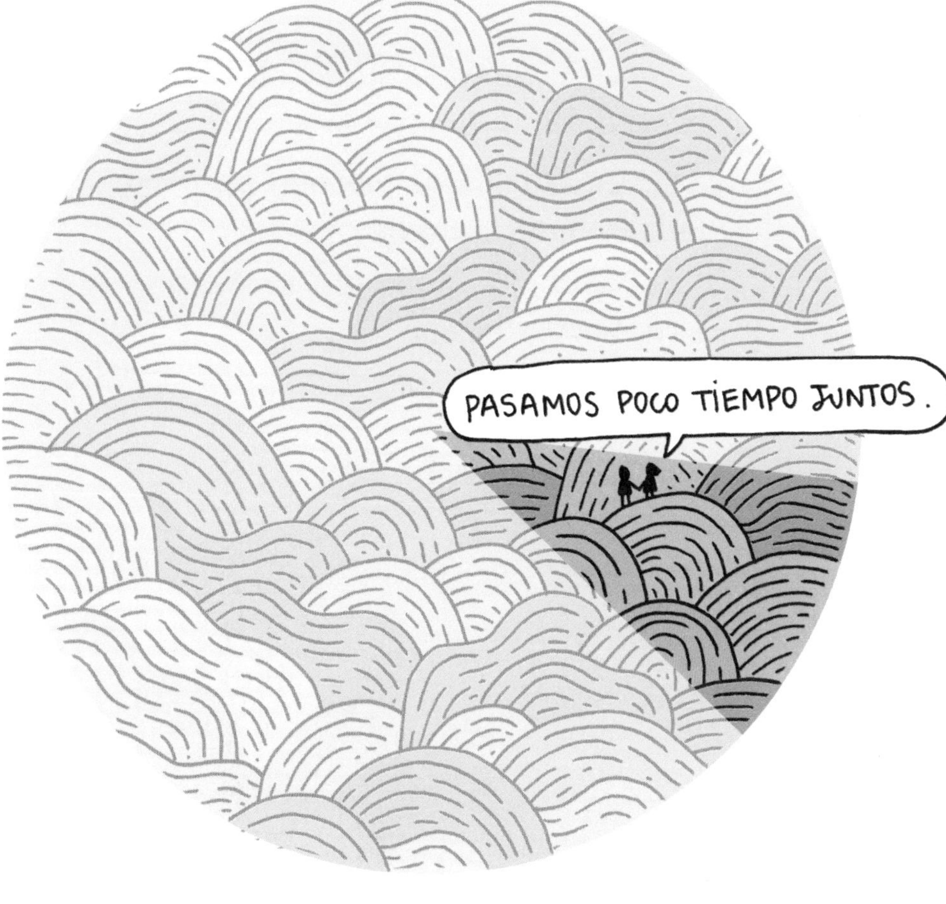
PASAMOS POCO TIEMPO JUNTOS.

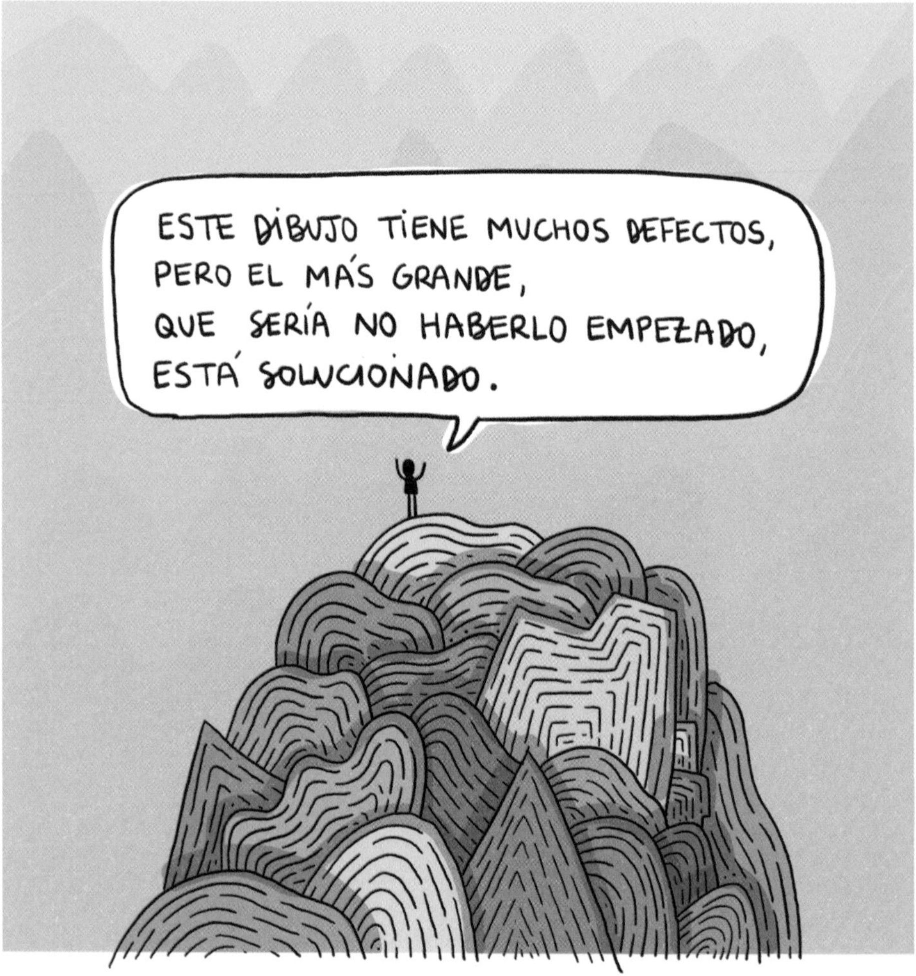
ESTE DIBUJO TIENE MUCHOS DEFECTOS,
PERO EL MÁS GRANDE,
QUE SERÍA NO HABERLO EMPEZADO,
ESTÁ SOLUCIONADO.

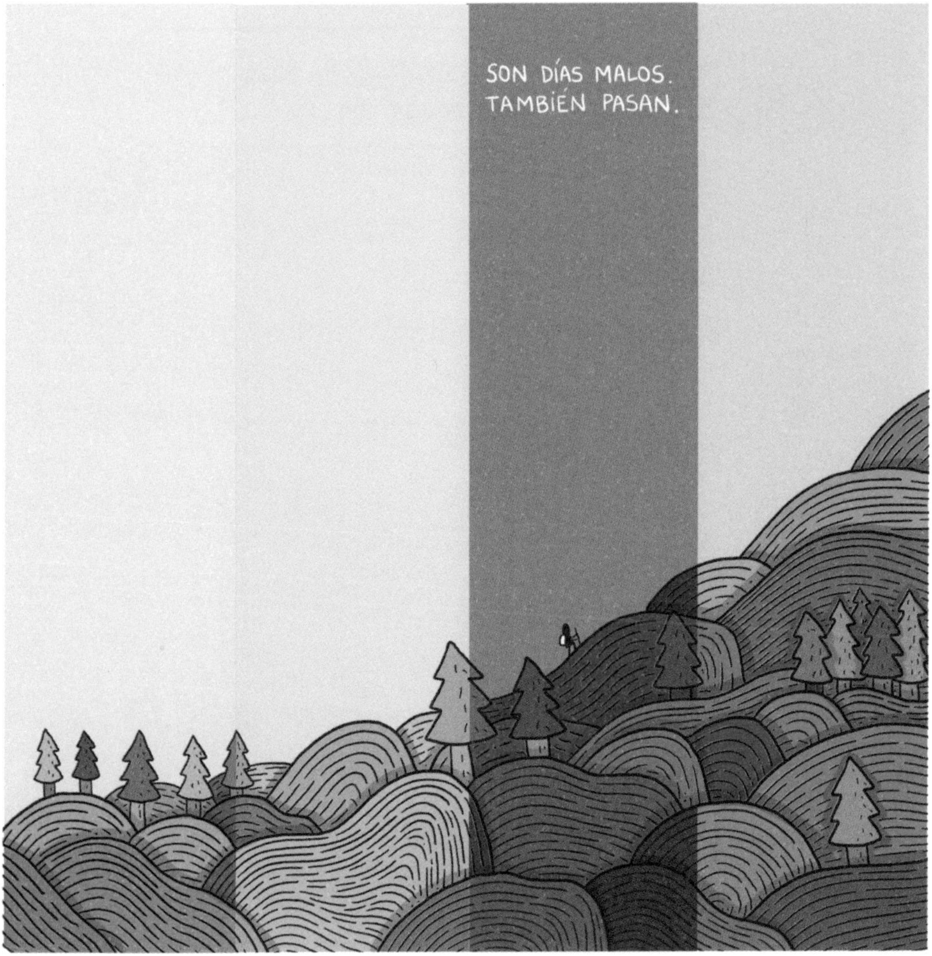
SON DÍAS MALOS.
TAMBIÉN PASAN.

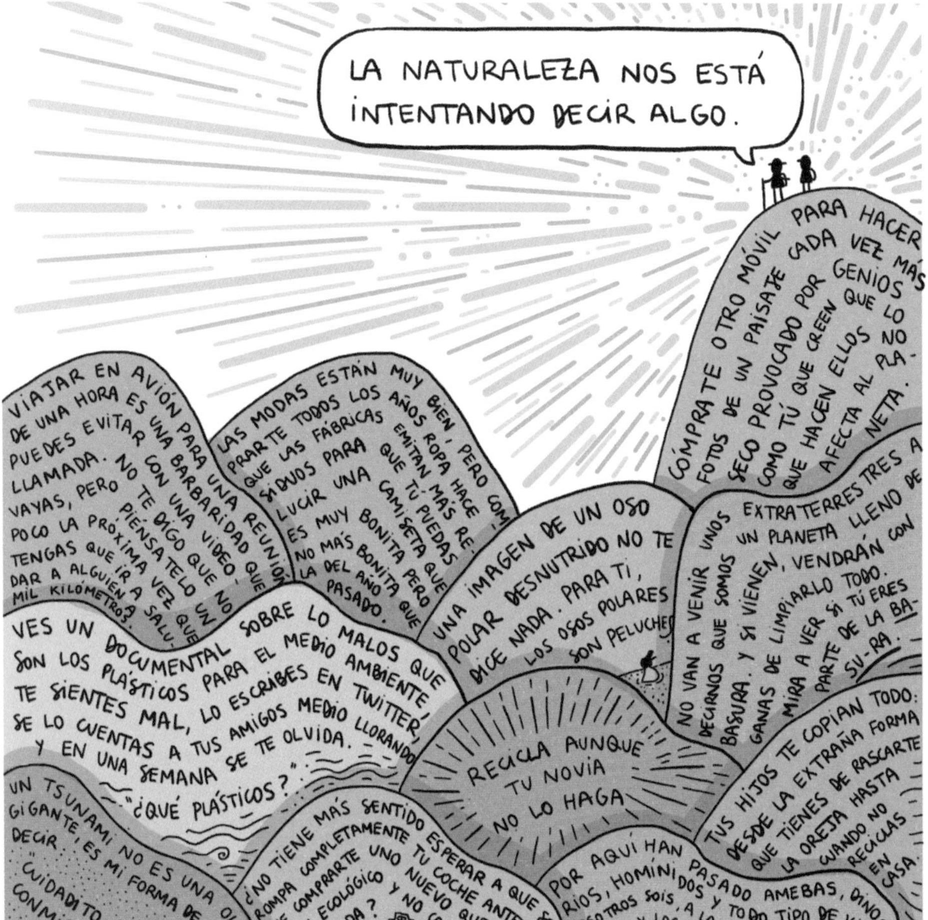

LA NATURALEZA NOS ESTÁ INTENTANDO DECIR ALGO.
VIAJAR EN AVIÓN PARA UNA REUNIÓN DE UNA HORA ES UNA BARBARIDAD QUE PUEDES EVITAR CON UNA VIDEOLLAMADA. NO TE DIGO QUE NO VAYAS, PERO PIÉNSATELO UN POCO LA PRÓXIMA VEZ QUE TENGAS QUE IR A SALUDAR A ALGUIEN A MIL KILÓMETROS.
LAS MODAS ESTÁN MUY BIEN, PERO COMPRARTE TODOS LOS AÑOS ROPA HACE QUE LAS FÁBRICAS EMITAN MÁS RESIDUOS PARA QUE TÚ PUEDAS LUCIR UNA CAMISETA QUE ES MUY BONITA PERO NO MÁS BONITA QUE LA DEL AÑO PASADO.
CÓMPRATE OTRO MÓVIL PARA HACER FOTOS DE UN PAISAJE CADA VEZ MÁS SECO PROVOCADO POR GENIOS COMO TÚ QUE CREEN QUE LO QUE HACEN ELLOS NO AFECTA AL PLANETA.
UNA IMAGEN DE UN OSO POLAR DESNUTRIDO NO TE DICE NADA. PARA TI, LOS OSOS POLARES SON PELUCHES.
NO VAN A VENIR UNOS EXTRATERRESTRES A DECIRNOS QUE SOMOS UN PLANETA LLENO DE BASURA. Y SI VIENEN, VENDRÁN CON GANAS DE LIMPIARLO TODO. MIRA A VER SI TÚ ERES PARTE DE LA BASURA.
VES UN DOCUMENTAL SOBRE LO MALOS QUE SON LOS PLÁSTICOS PARA EL MEDIO AMBIENTE, TE SIENTES MAL, LO ESCRIBES EN TWITTER, SE LO CUENTAS A TUS AMIGOS MEDIO LLORANDO Y EN UNA SEMANA SE TE OLVIDA.
"¿QUÉ PLÁSTICOS?"
RECICLA AUNQUE TU NOVIA NO LO HAGA
TUS HIJOS TE COPIAN TODO: DESDE LA EXTRAÑA FORMA QUE TIENES DE RASCARTE LA OREJA HASTA CUANDO NO RECICLAS EN CASA.
UN TSUNAMI NO ES UNA OLA GIGANTE, ES MI FORMA DE DECIR: "CUIDADITO CONMIGO"
¿NO TIENE MÁS SENTIDO ESPERAR A QUE SE ROMPA COMPLETAMENTE TU COCHE ANTES QUE COMPRARTE UNO NUEVO QUE ES MUY ECOLÓGICO Y NO CONSUME NADA?
POR AQUÍ HAN PASADO AMEBAS, DINOSAURIOS, HOMÍNIDOS Y TODO TIPO DE VIDA. VOSOTROS SOIS, A LA VEZ, LOS MÁS LISTOS Y LOS MÁS TONTOS.

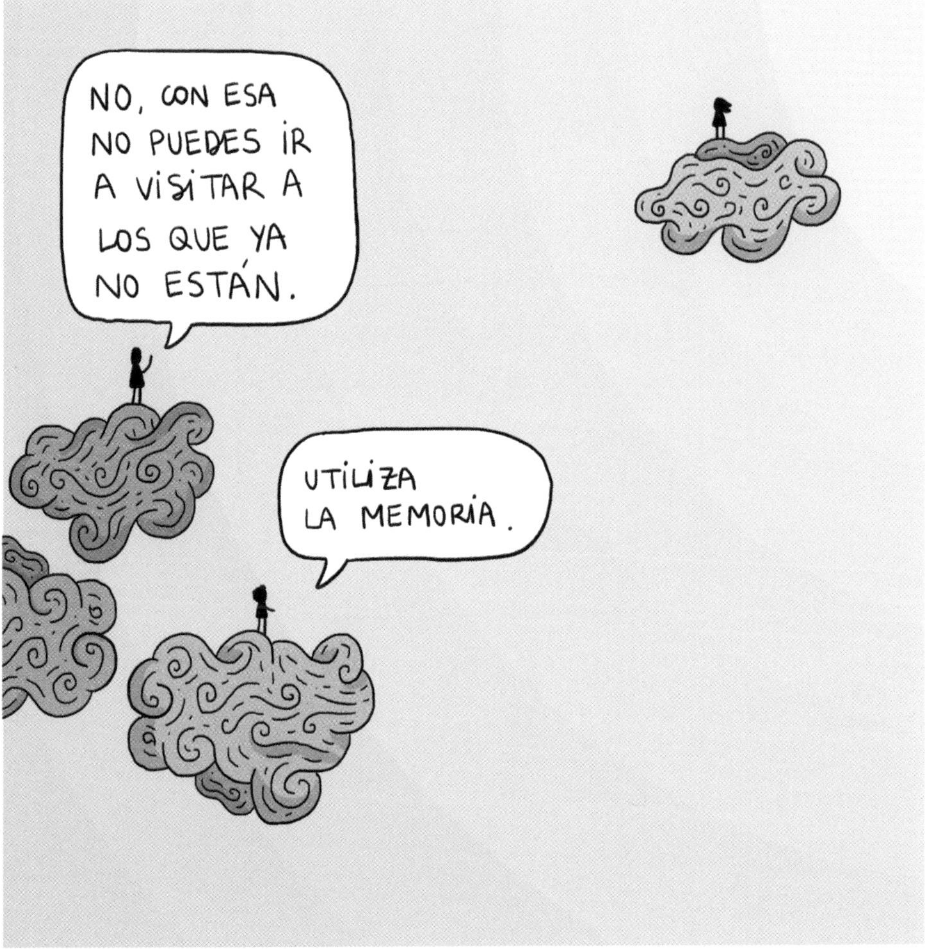
NO, CON ESA NO PUEDES IR A VISITAR A LOS QUE YA NO ESTÁN.
UTILIZA LA MEMORIA.

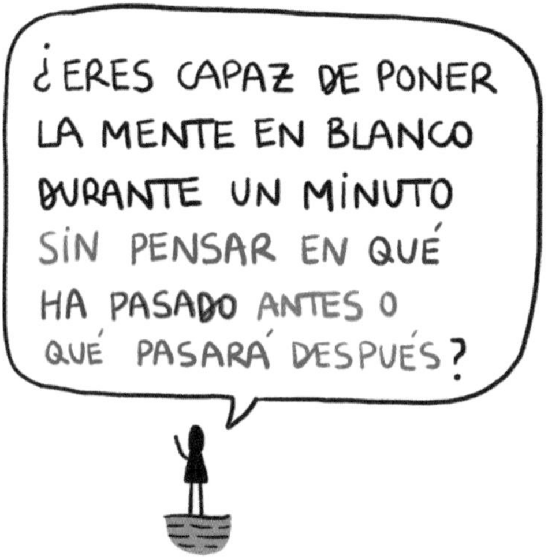
¿ERES CAPAZ DE PONER LA MENTE EN BLANCO DURANTE UN MINUTO SIN PENSAR EN QUÉ HA PASADO ANTES O QUÉ PASARÁ DESPUÉS?

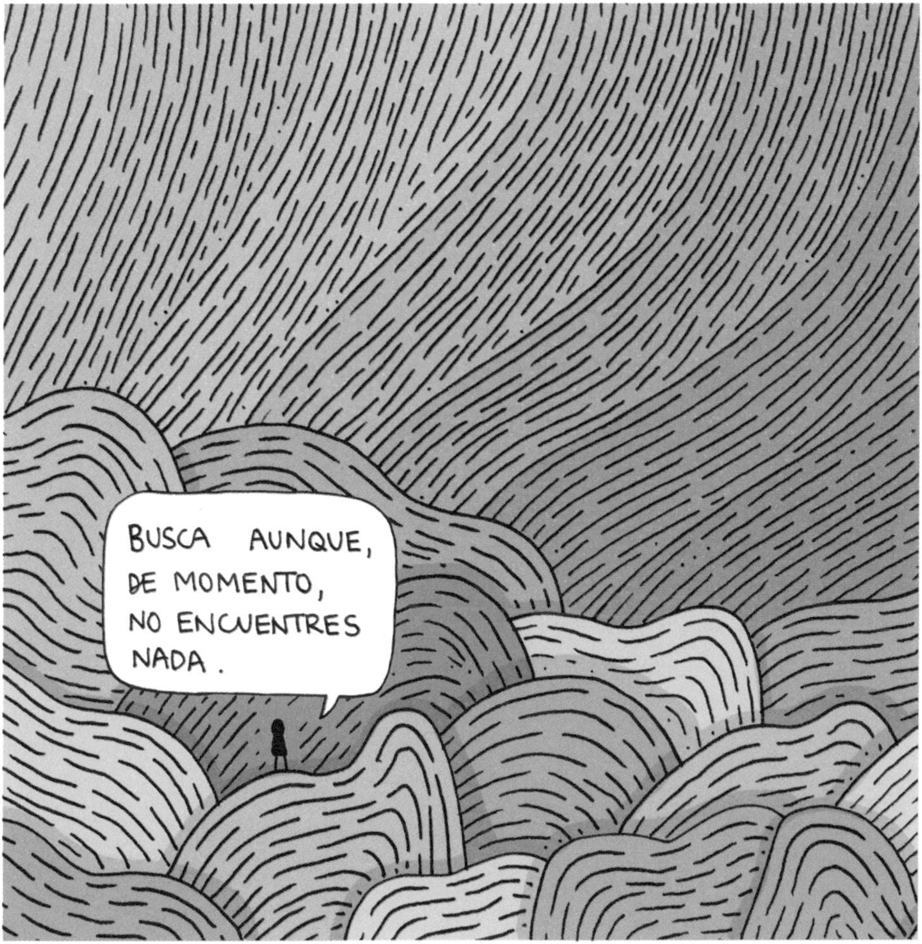
BUSCA AUNQUE, DE MOMENTO, NO ENCUENTRES NADA.

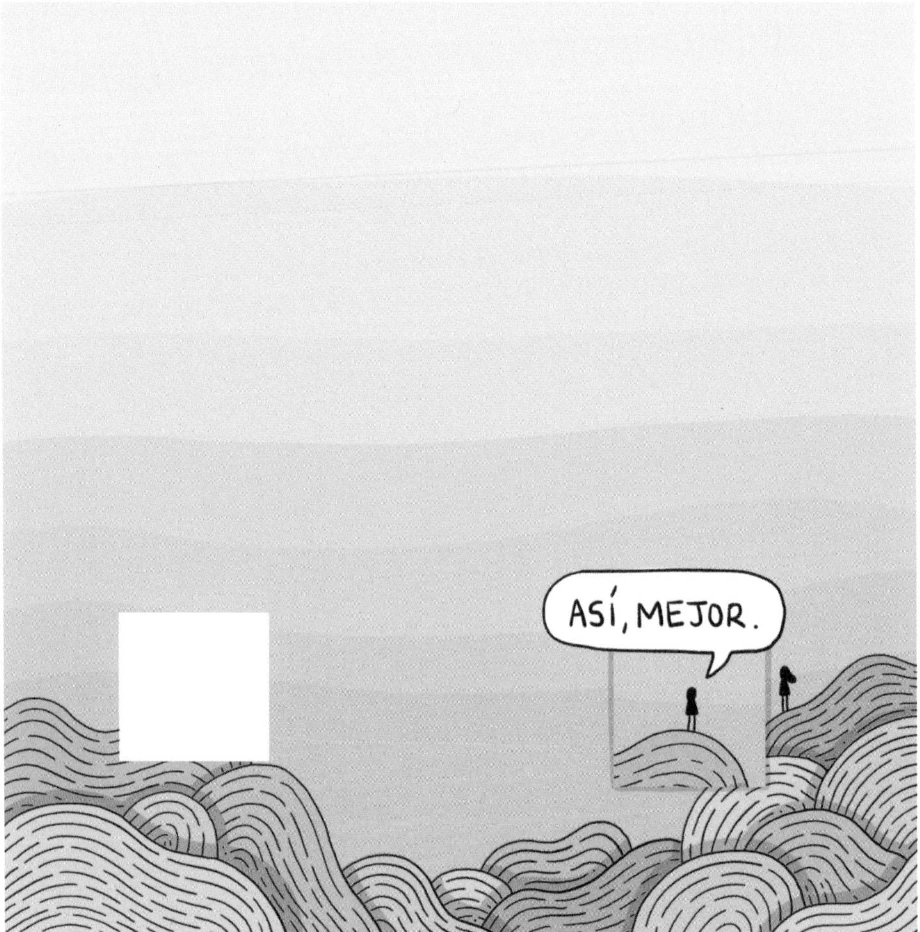
ASÍ, MEJOR.

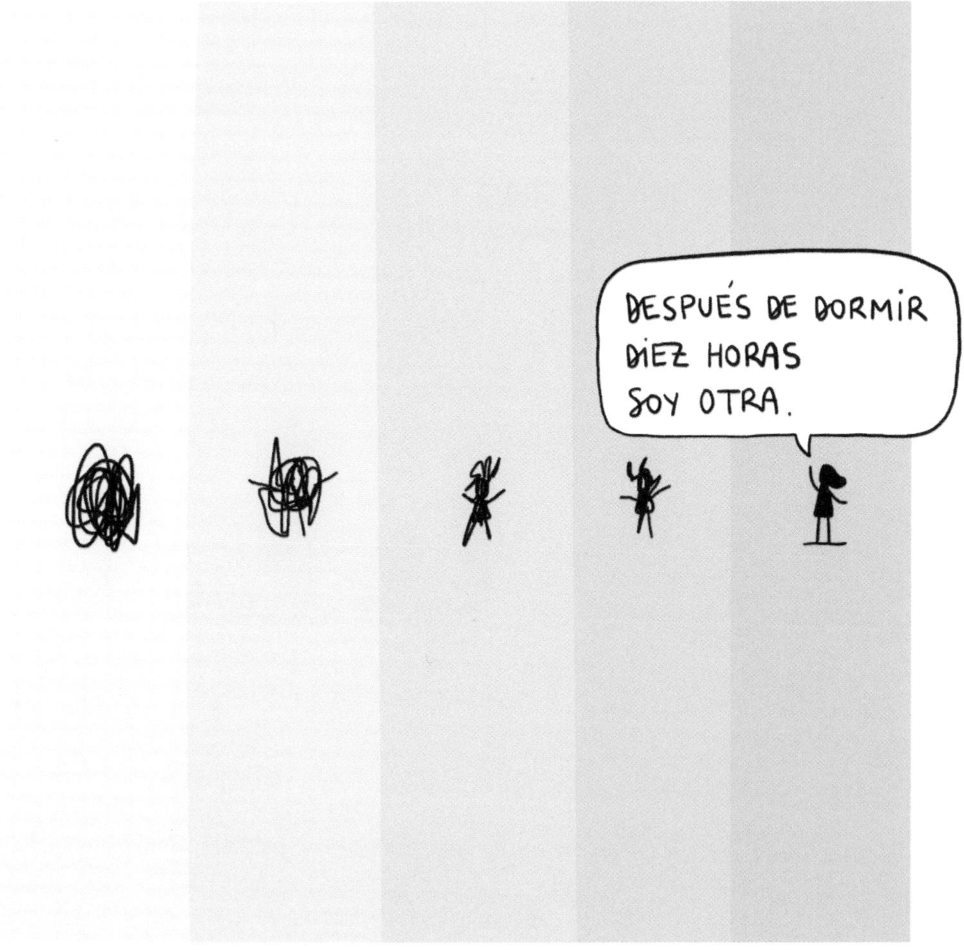
DESPUÉS DE DORMIR DIEZ HORAS SOY OTRA.

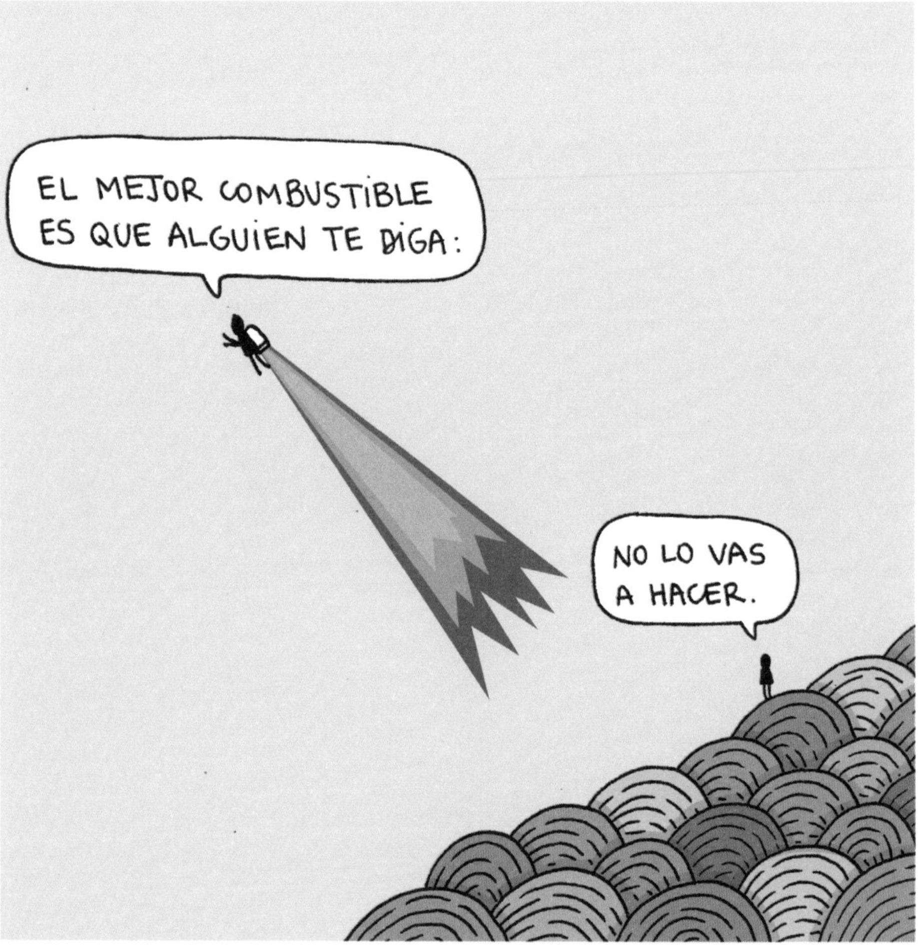
EL MEJOR COMBUSTIBLE ES QUE ALGUIEN TE DIGA:
NO LO VAS A HACER.

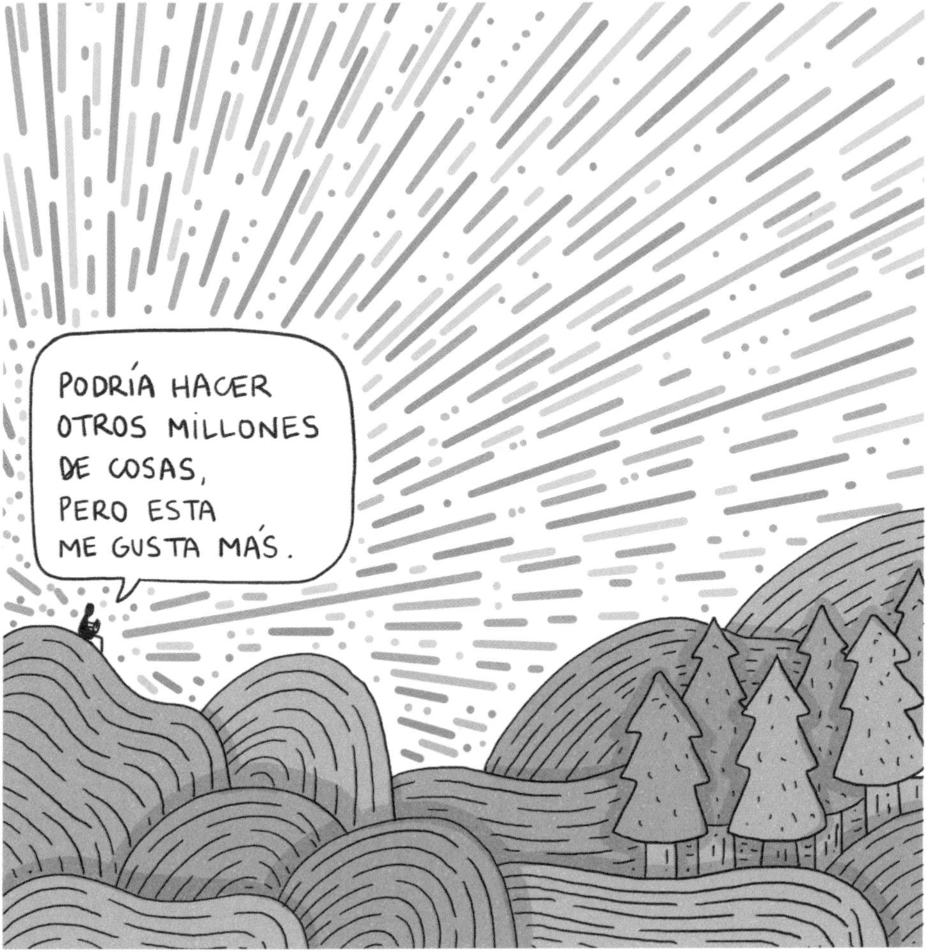
PODRÍA HACER OTROS MILLONES DE COSAS, PERO ESTA ME GUSTA MÁS.

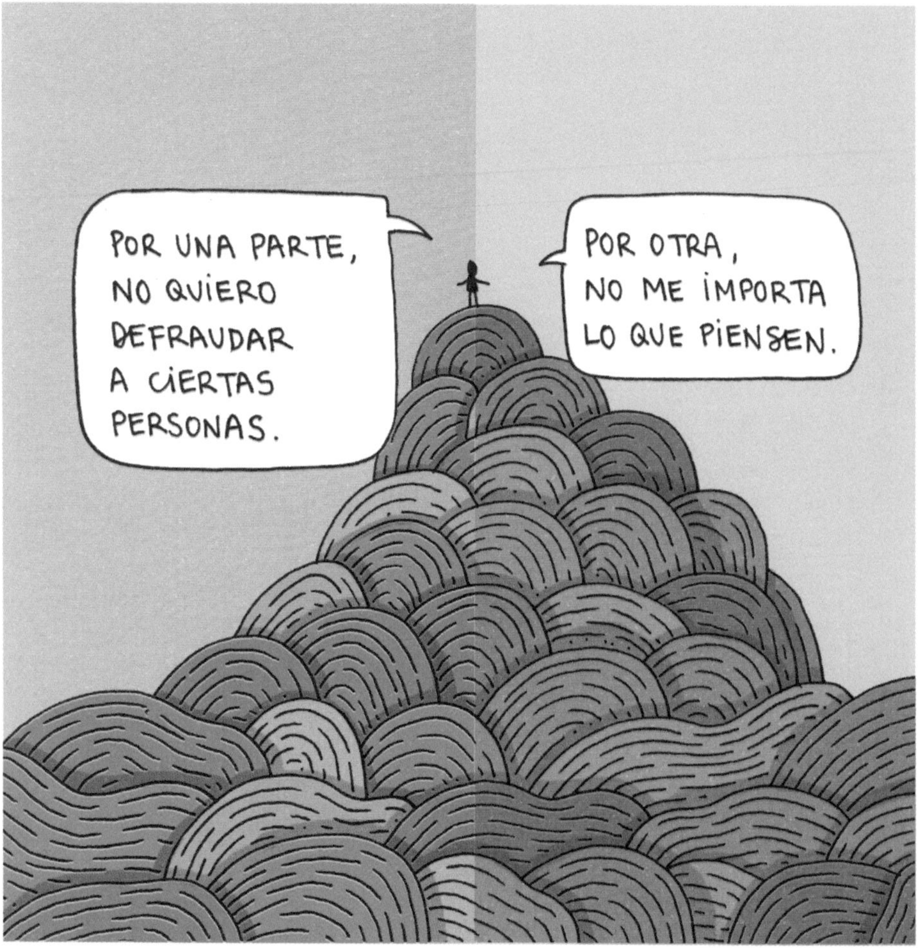
POR UNA PARTE, NO QUIERO DEFRAUDAR A CIERTAS PERSONAS.
POR OTRA, NO ME IMPORTA LO QUE PIENSEN.

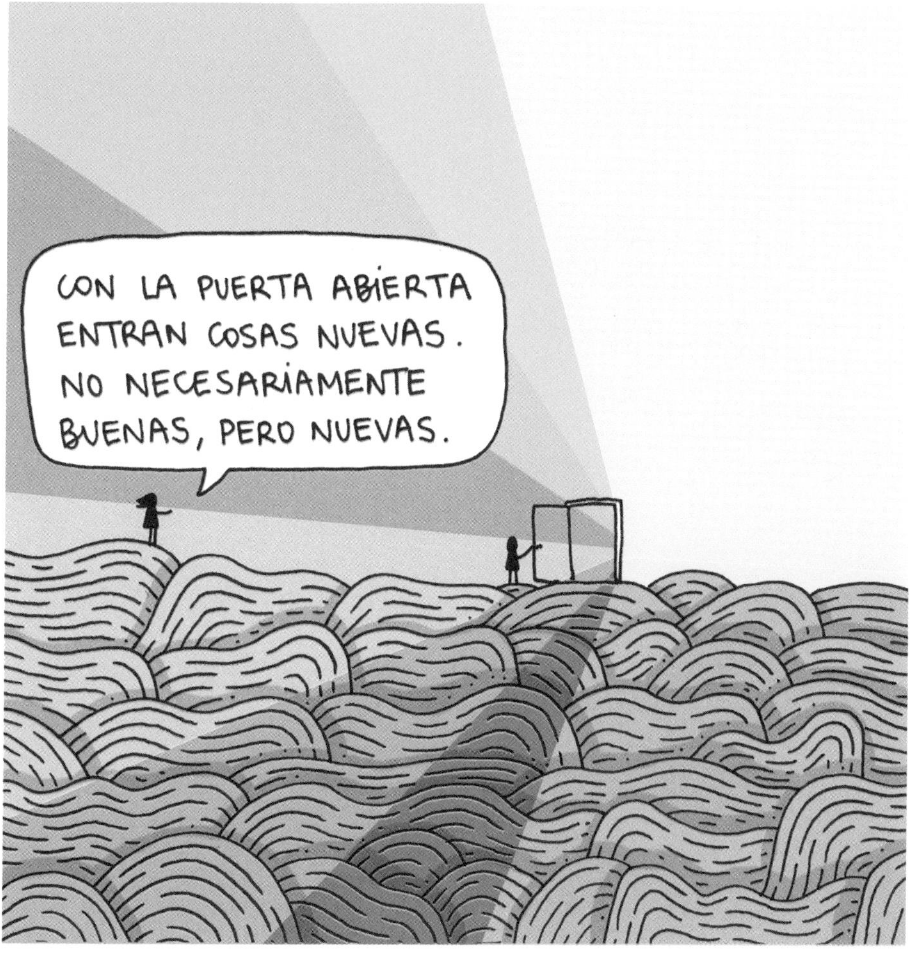
CON LA PUERTA ABIERTA ENTRAN COSAS NUEVAS. NO NECESARIAMENTE BUENAS, PERO NUEVAS.

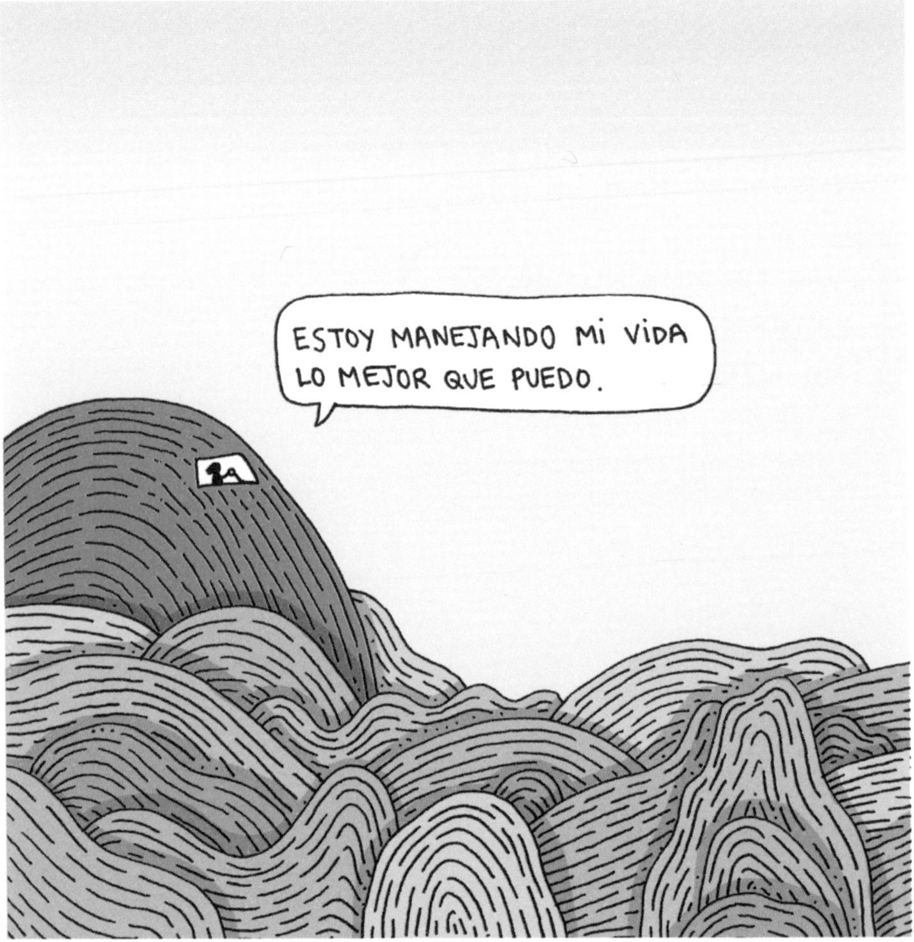
ESTOY MANEJANDO MI VIDA LO MEJOR QUE PUEDO.

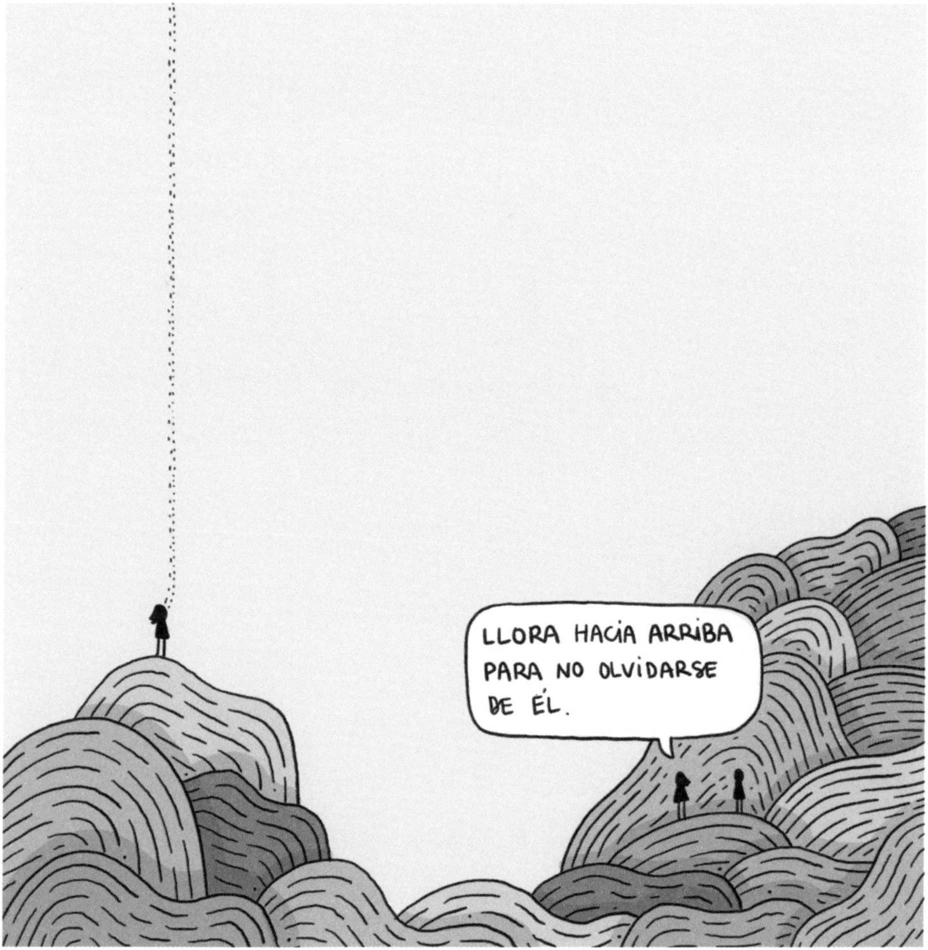
LLORA HACIA ARRIBA PARA NO OLVIDARSE DE ÉL.

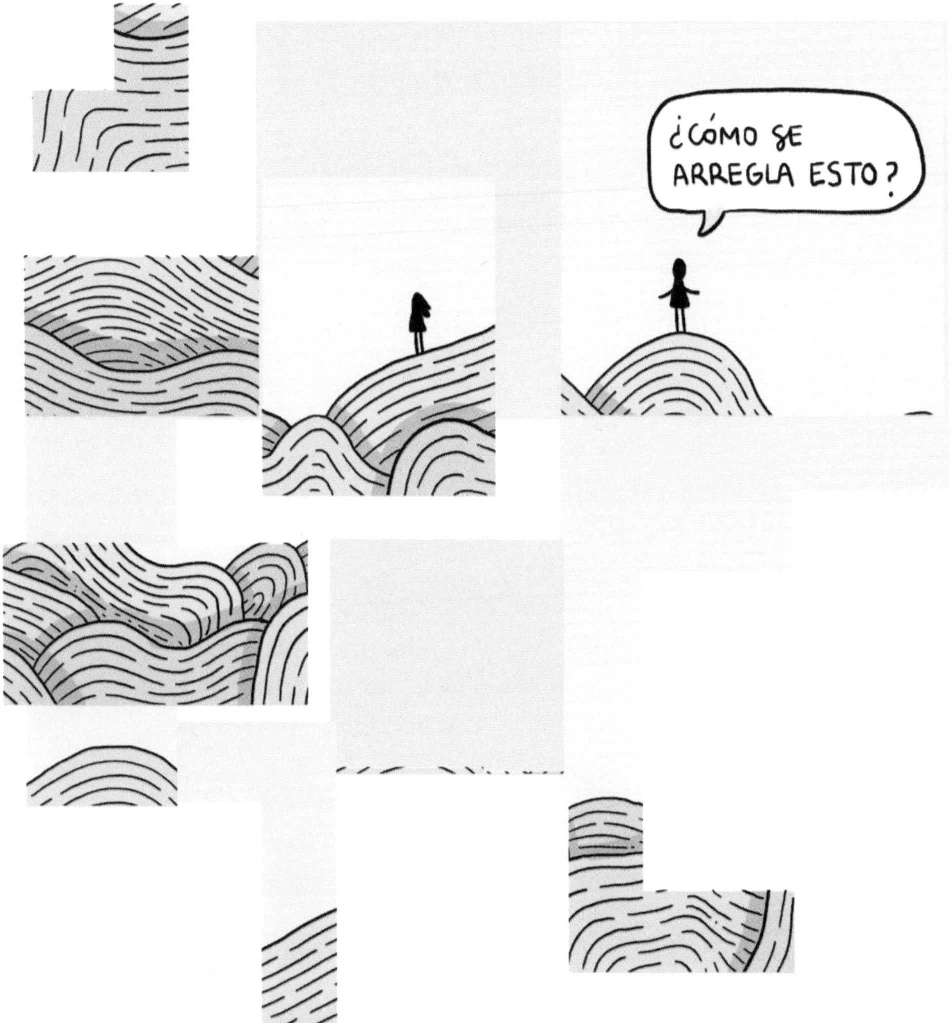
¿CÓMO SE ARREGLA ESTO?

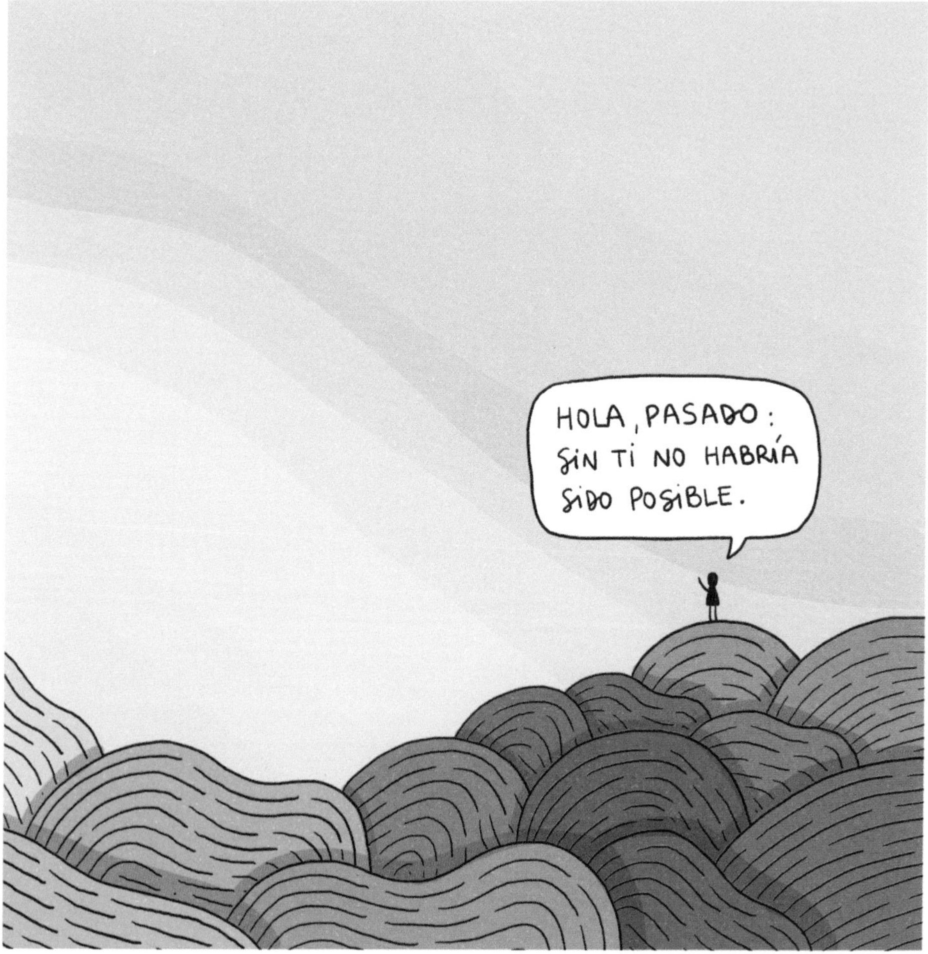
HOLA, PASADO: SIN TI NO HABRÍA SIDO POSIBLE.

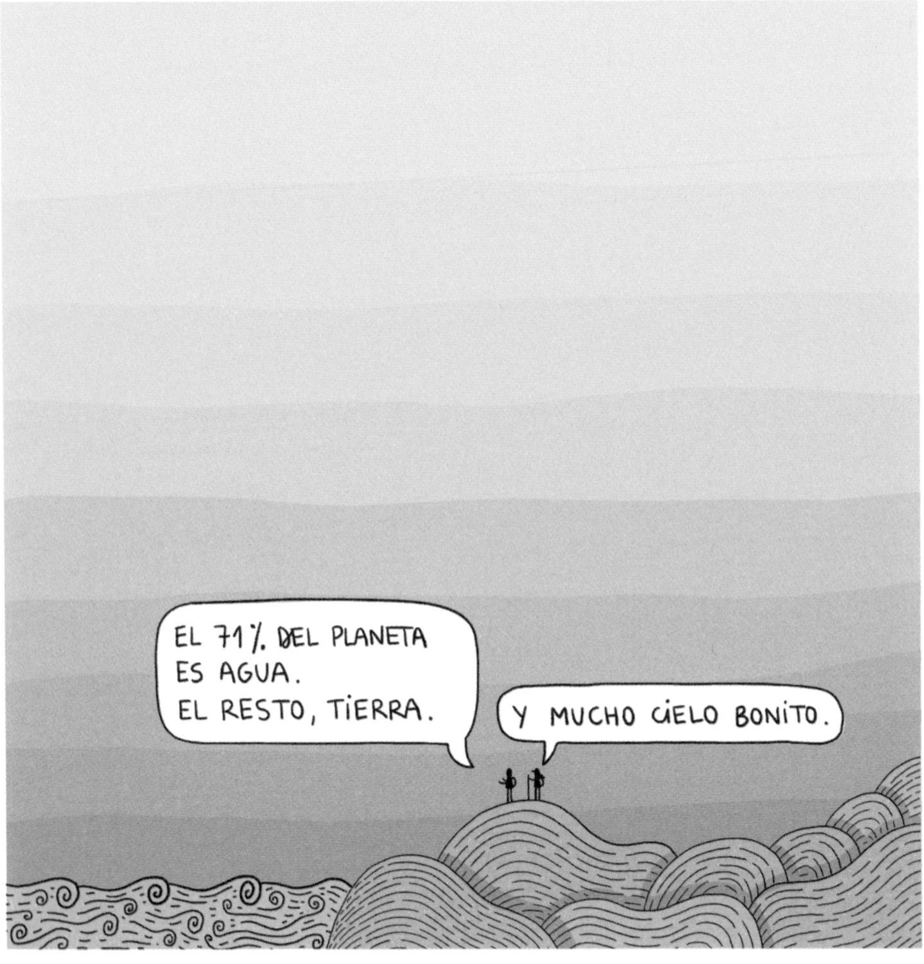
EL 71% DEL PLANETA
ES AGUA.
EL RESTO, TIERRA.
Y MUCHO CIELO BONITO.

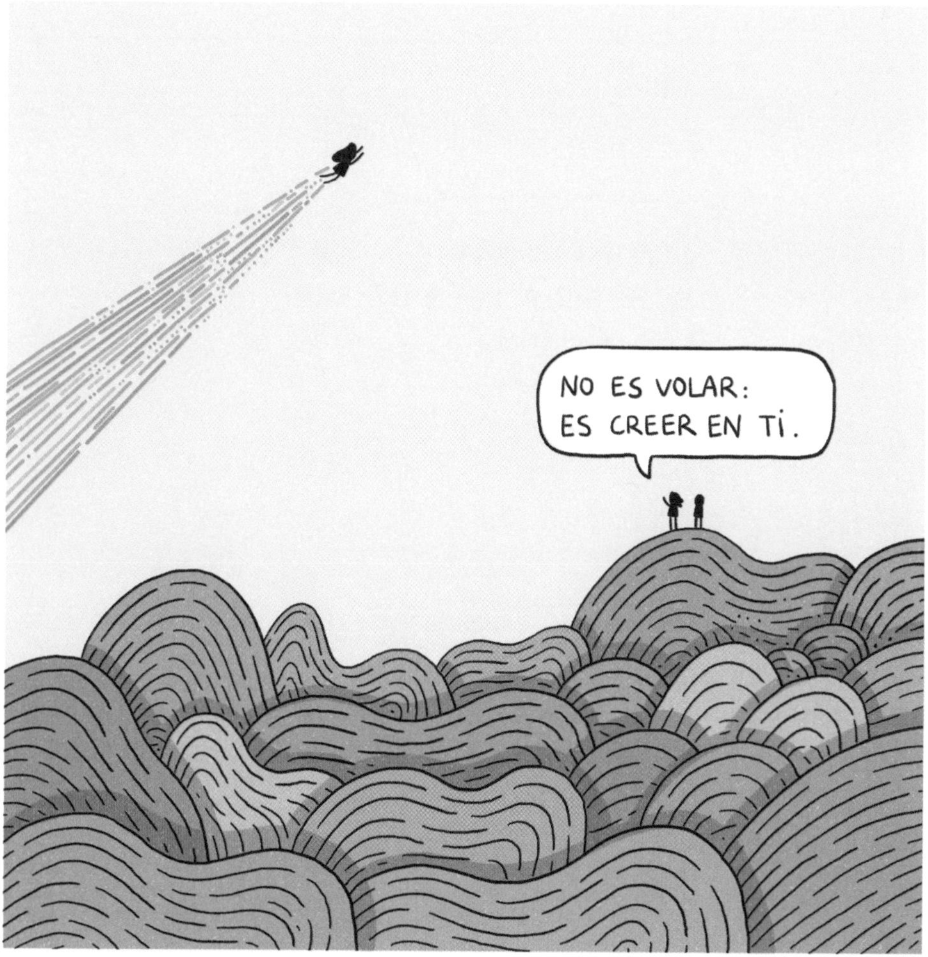
NO ES VOLAR: ES CREER EN TI.

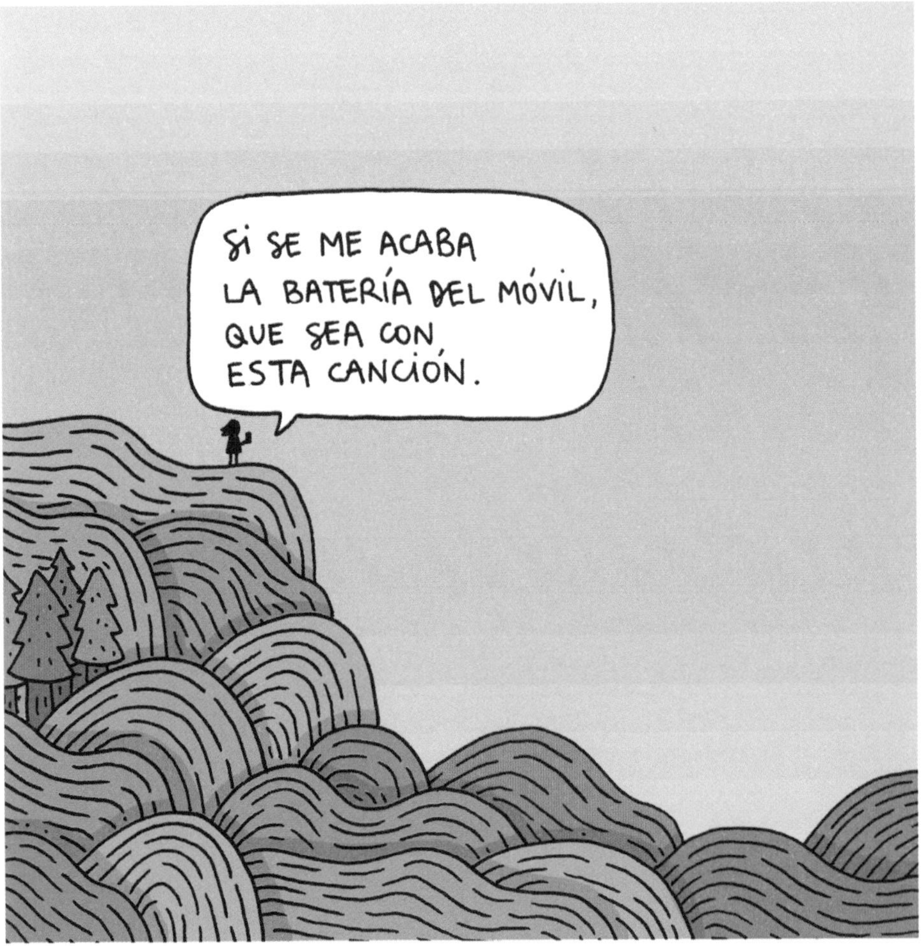
SI SE ME ACABA LA BATERÍA DEL MÓVIL, QUE SEA CON ESTA CANCIÓN.

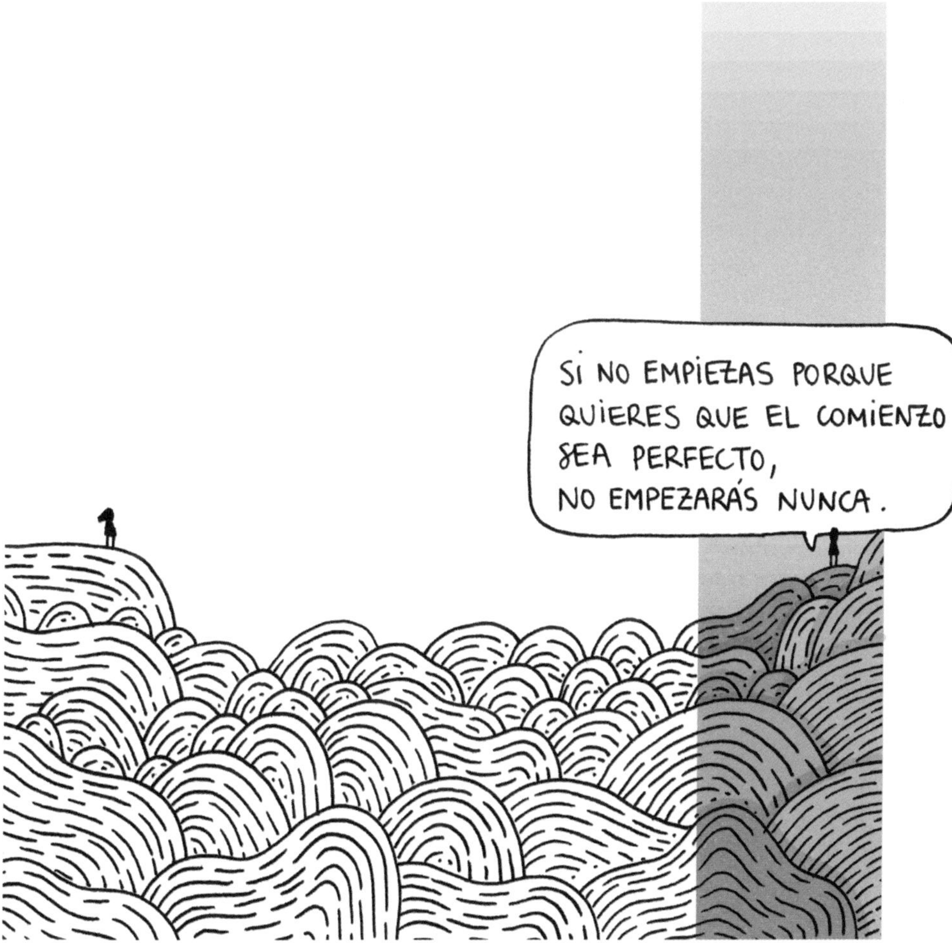
SI NO EMPIEZAS PORQUE QUIERES QUE EL COMIENZO SEA PERFECTO, NO EMPEZARÁS NUNCA.

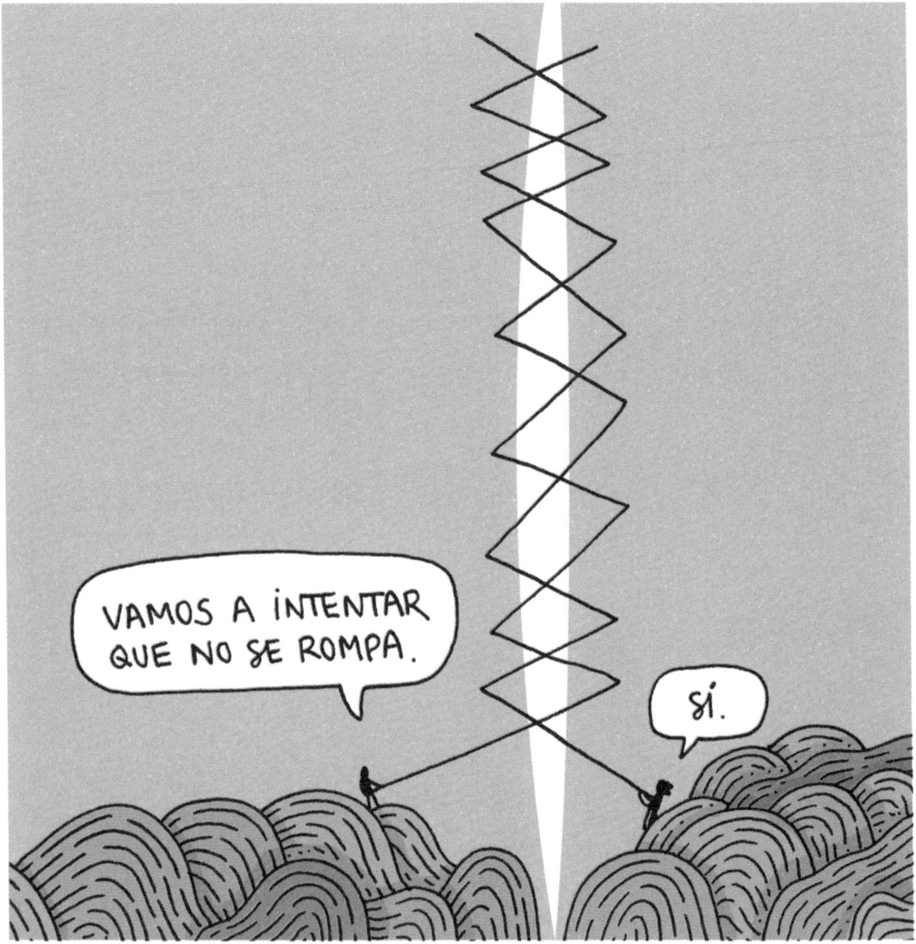
VAMOS A INTENTAR QUE NO SE ROMPA.
SÍ.

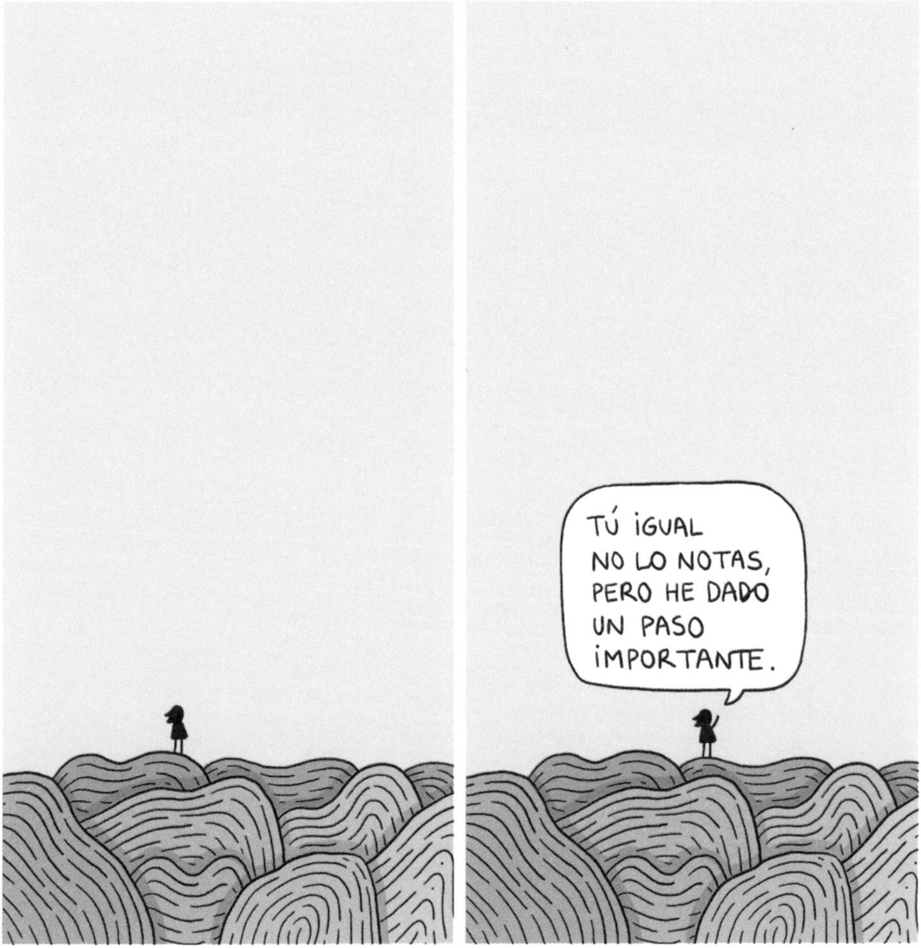
TÚ IGUAL NO LO NOTAS, PERO HE DADO UN PASO IMPORTANTE.

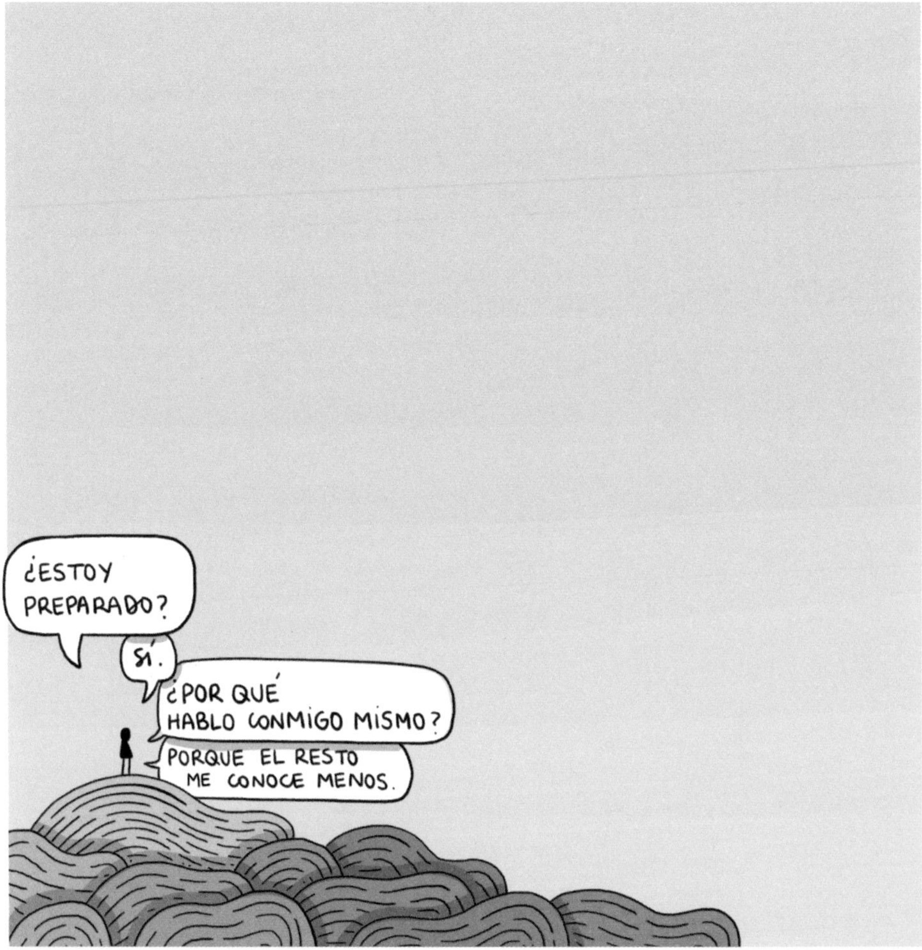
¿ESTOY PREPARADO?
SÍ.
¿POR QUÉ HABLO CONMIGO MISMO?
PORQUE EL RESTO ME CONOCE MENOS.

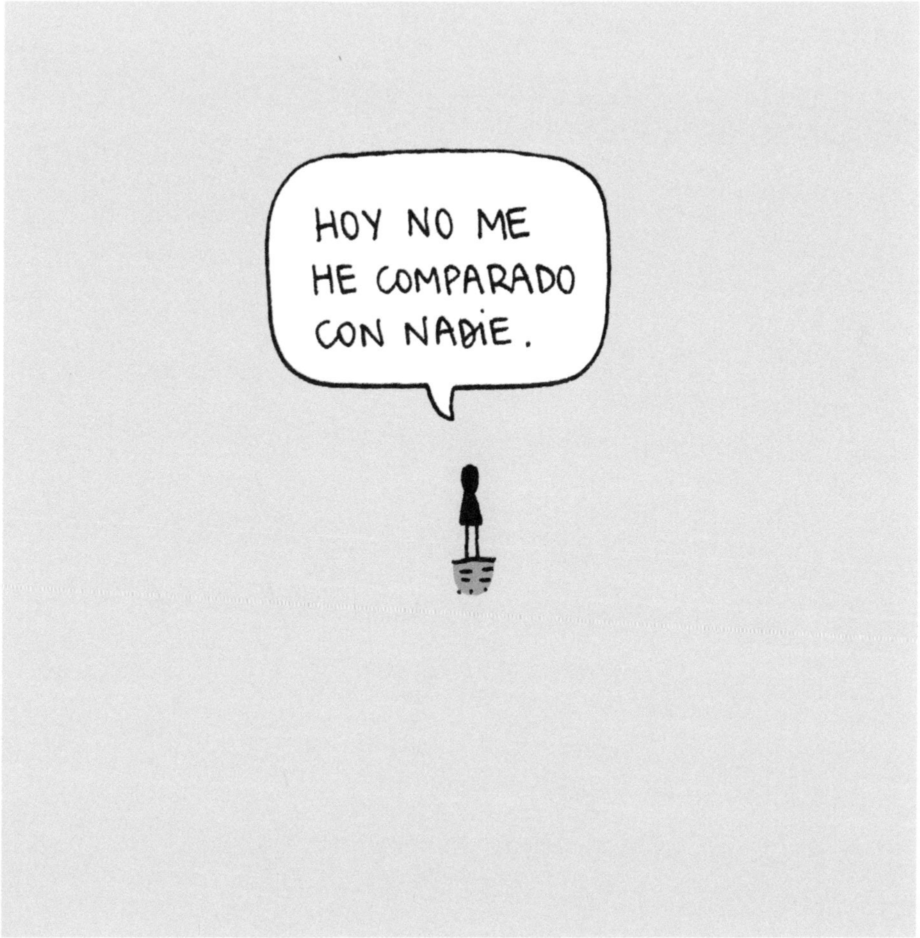
HOY NO ME HE COMPARADO CON NADIE.

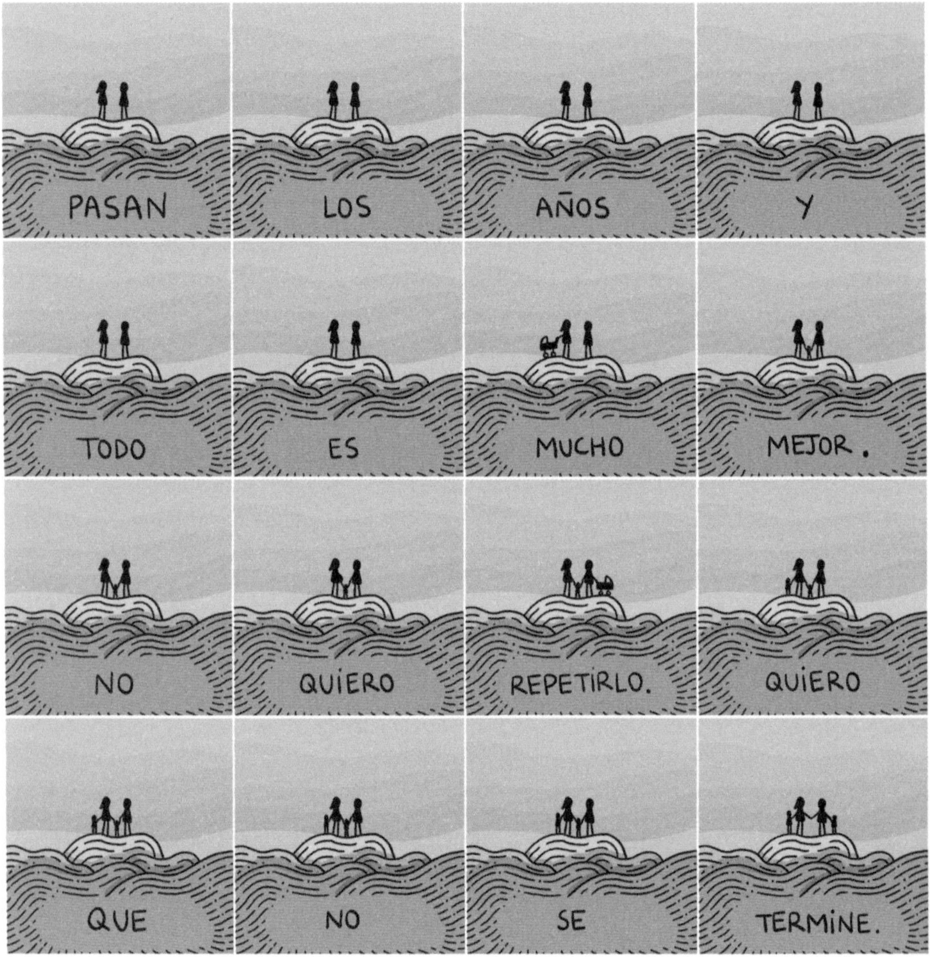
PASAN
LOS
AÑOS
Y
TODO
ES
MUCHO
MEJOR.
NO
QUIERO
REPETIRLO.
QUIERO
QUE
NO
SE
TERMINE.

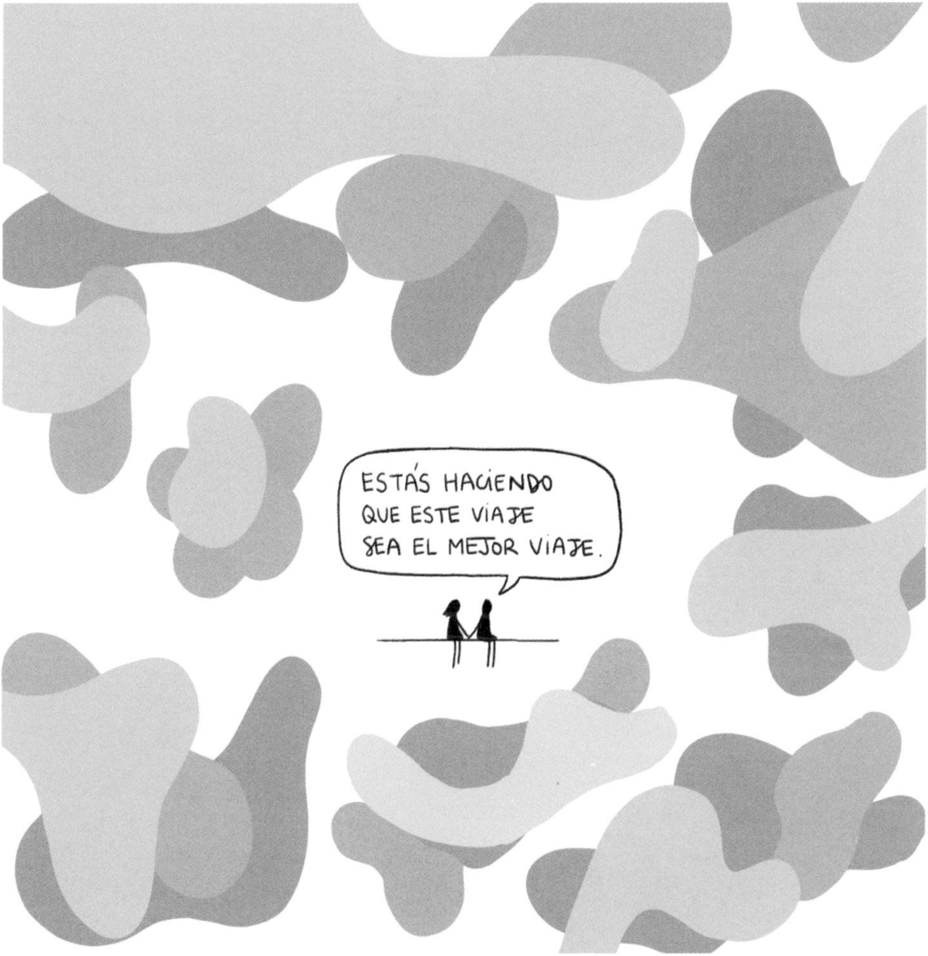
ESTÁS HACIENDO QUE ESTE VIAJE SEA EL MEJOR VIAJE.

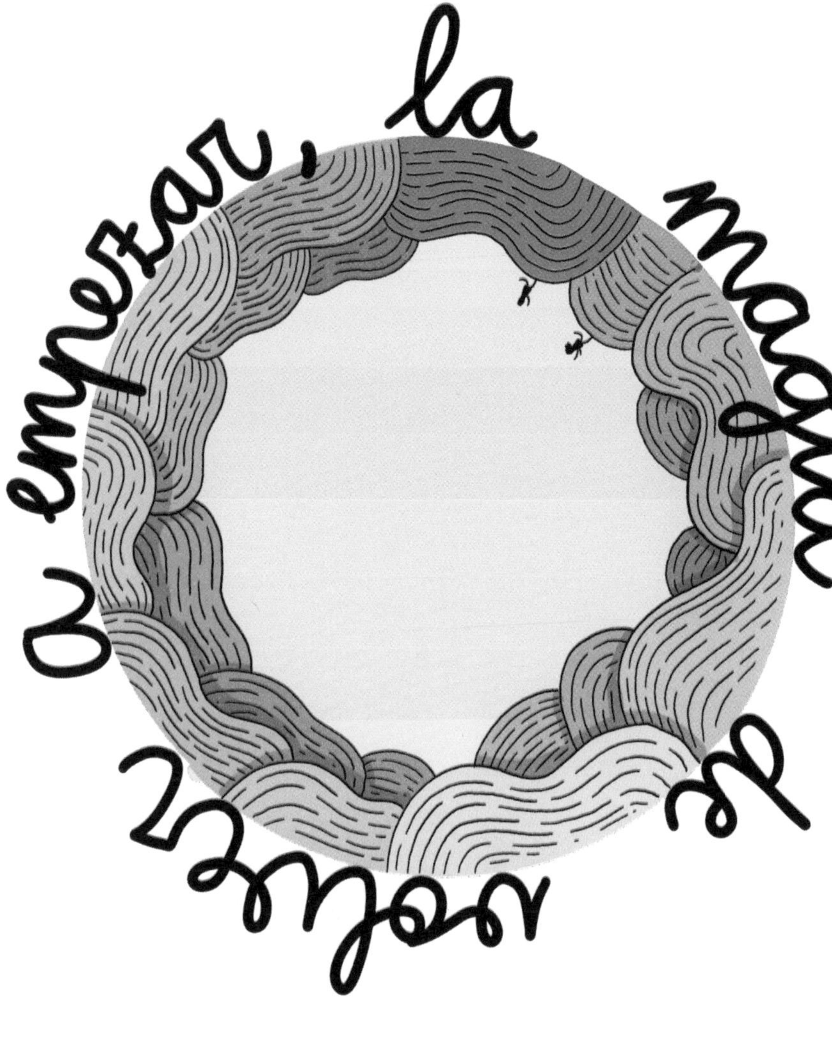
a empezar, la magia de volver

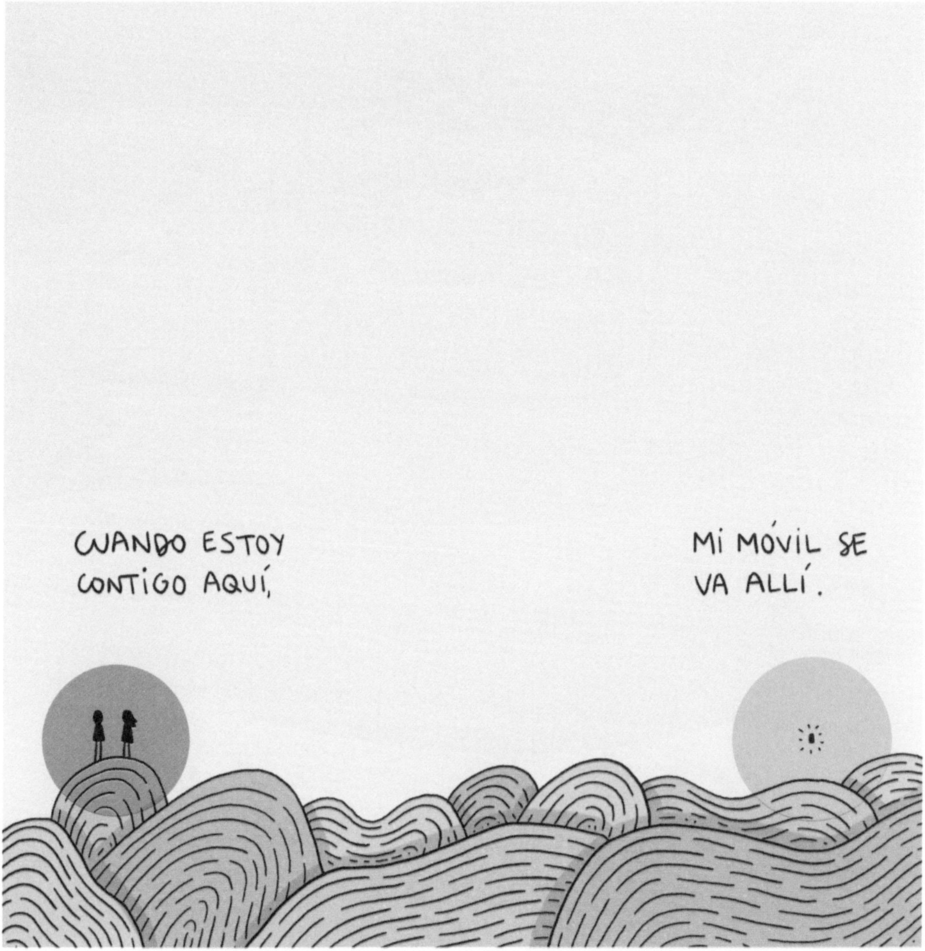
CUANDO ESTOY
CONTIGO AQUÍ,
MI MÓVIL SE
VA ALLÍ.

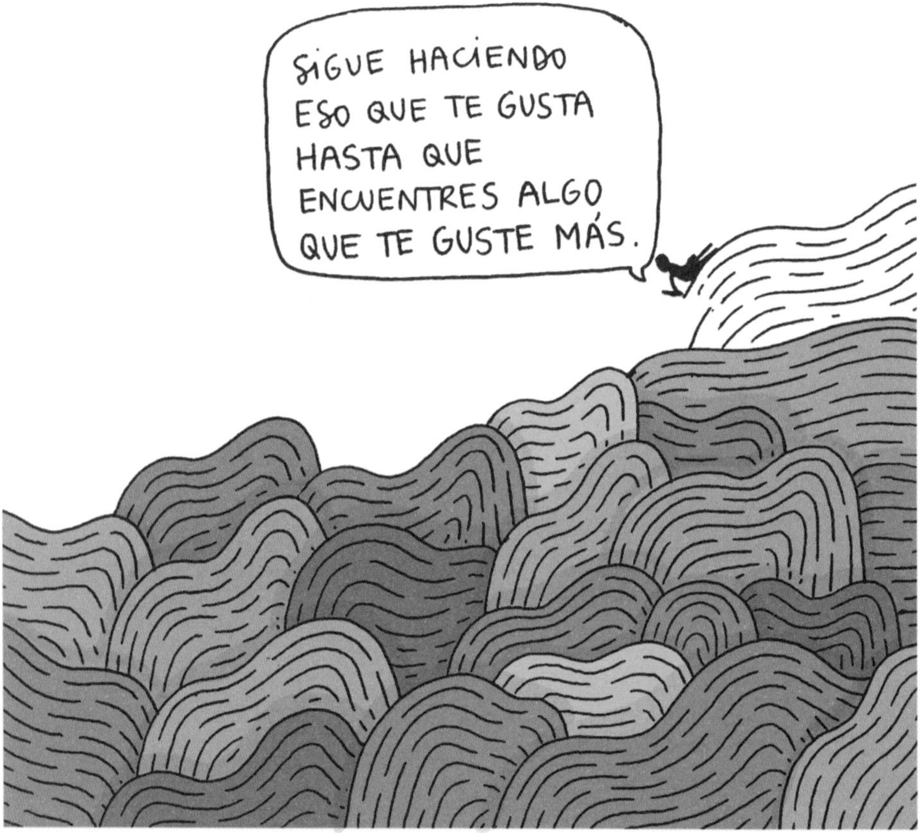
SIGUE HACIENDO ESO QUE TE GUSTA HASTA QUE ENCUENTRES ALGO QUE TE GUSTE MÁS.

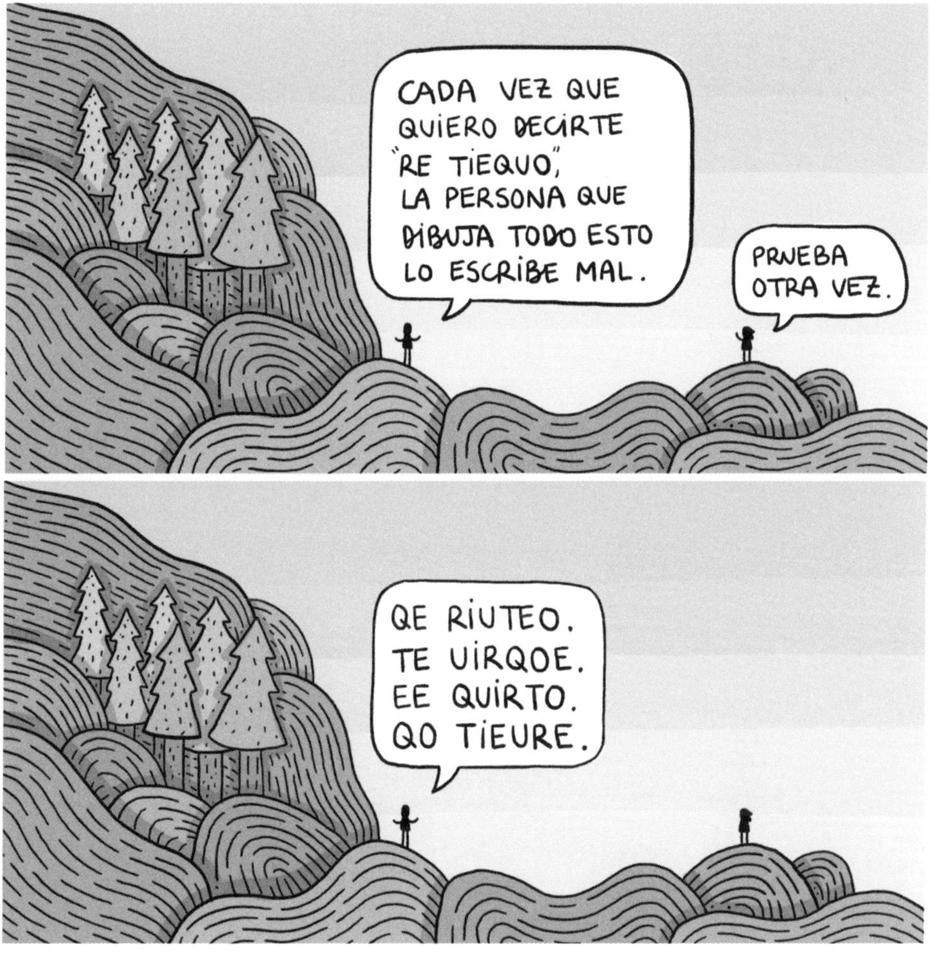
CADA VEZ QUE QUIERO DECIRTE "RE TIEQUO", LA PERSONA QUE DIBUJA TODO ESTO LO ESCRIBE MAL.
PRNEBA OTRA VEZ.
QE RIUTEO. TE UIRQOE. EE QUIRTO. QO TIEURE.

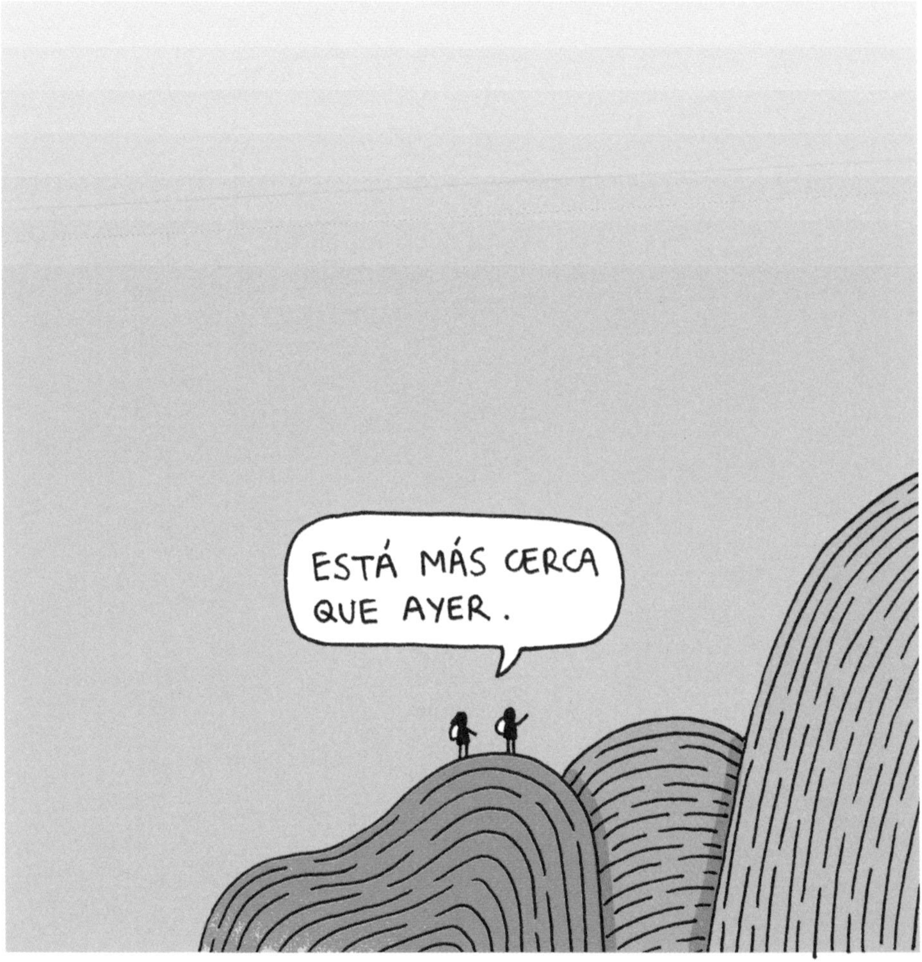
ESTÁ MÁS CERCA QUE AYER.

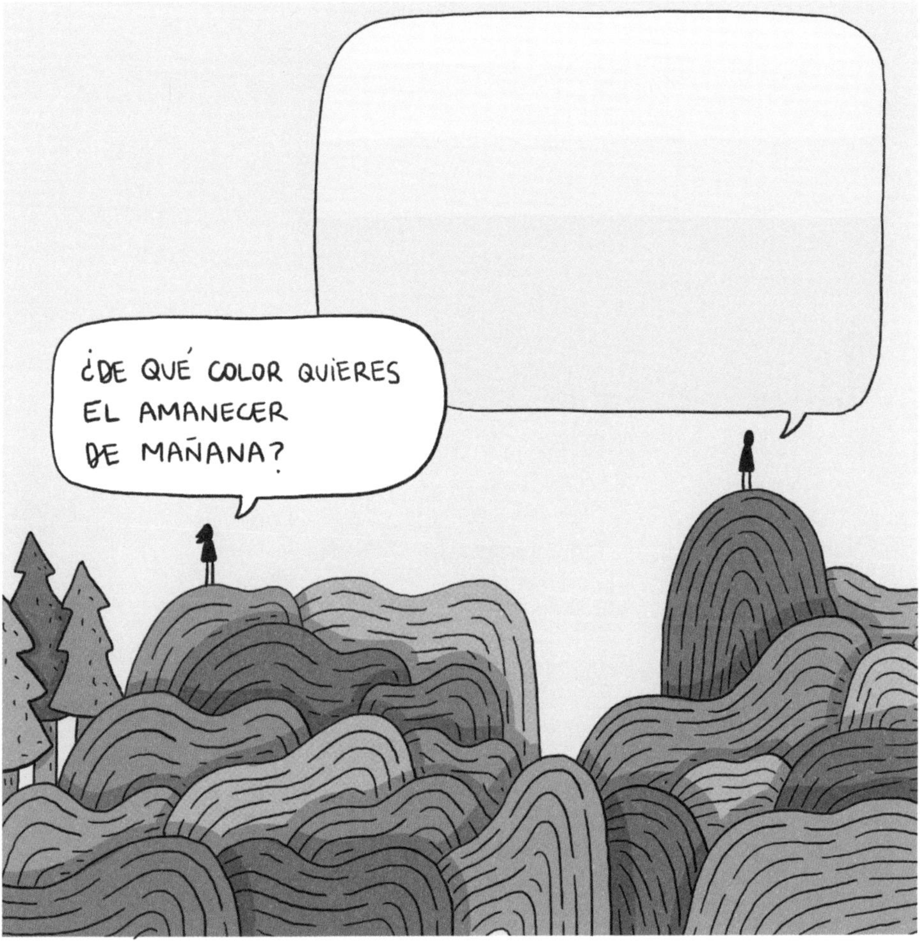
¿DE QUÉ COLOR QUIERES EL AMANECER DE MAÑANA?

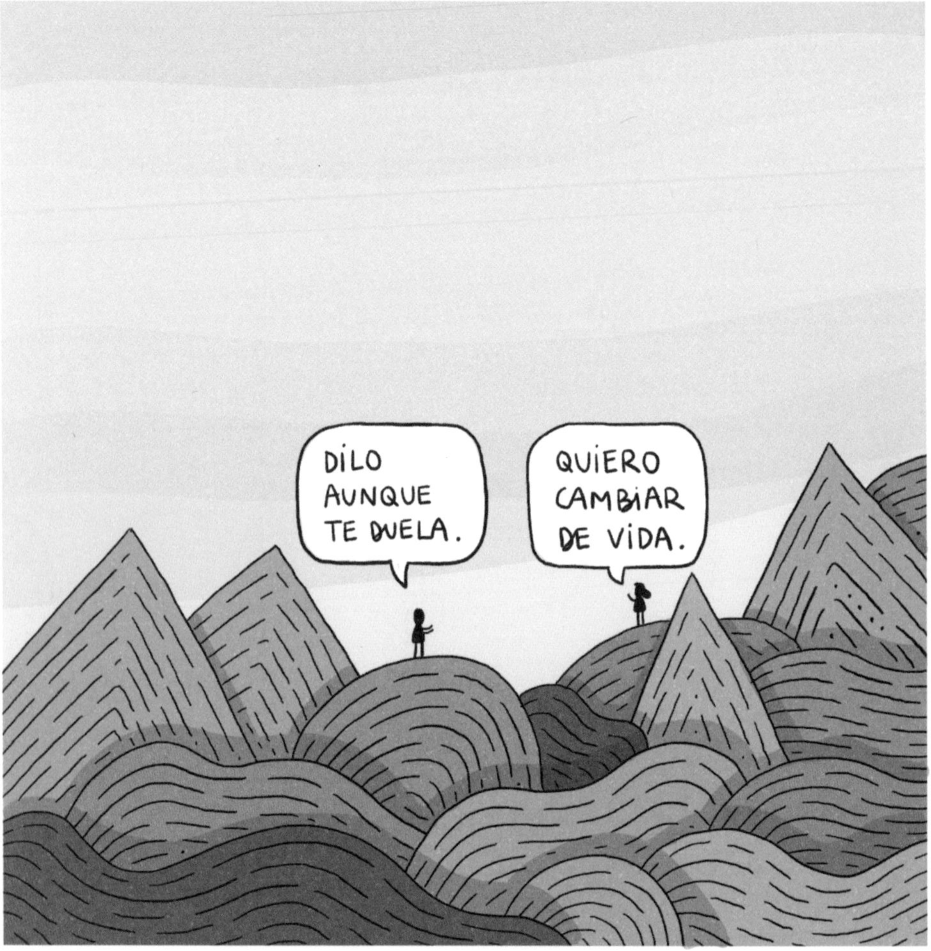
DILO AUNQUE TE DUELA.
QUIERO CAMBIAR DE VIDA.

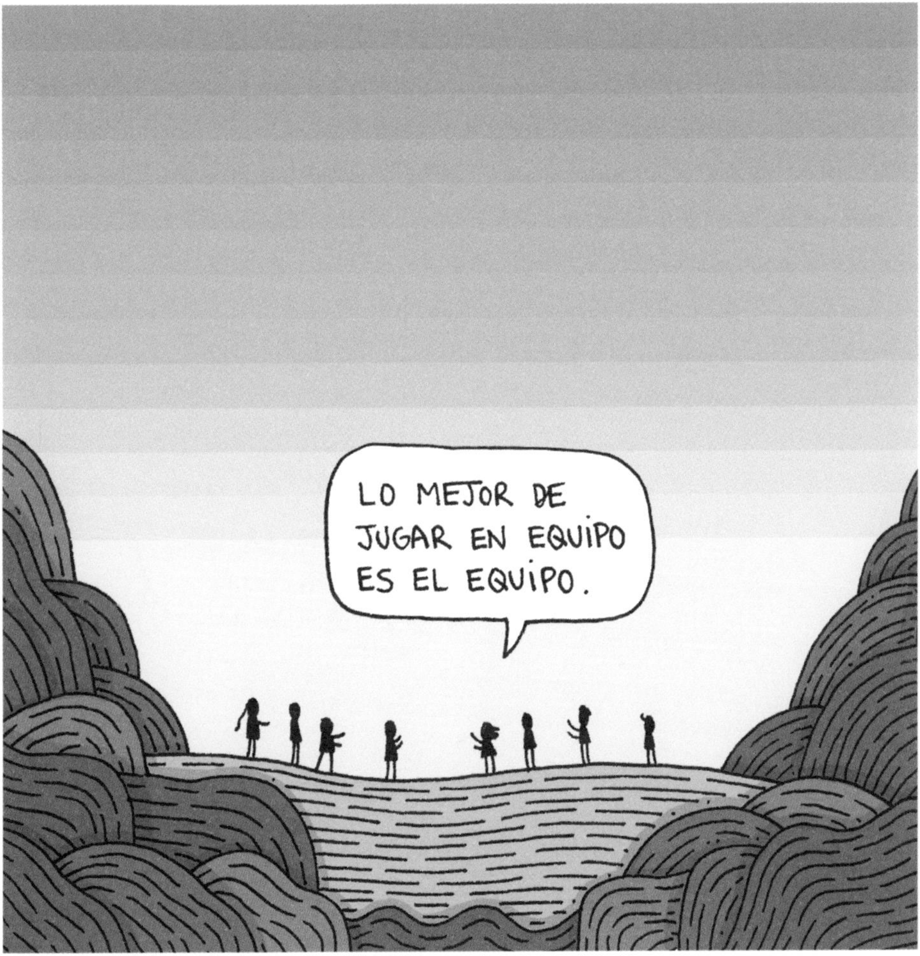
LO MEJOR DE JUGAR EN EQUIPO ES EL EQUIPO.

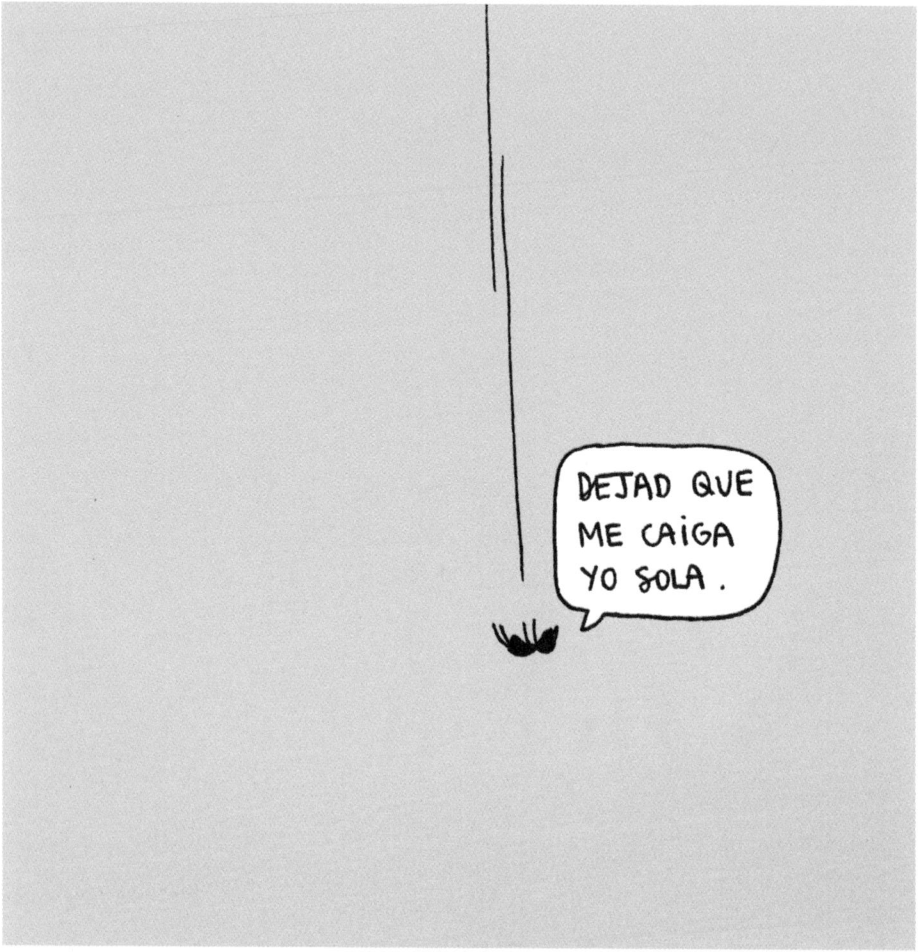
DEJAD QUE ME CAIGA YO SOLA.

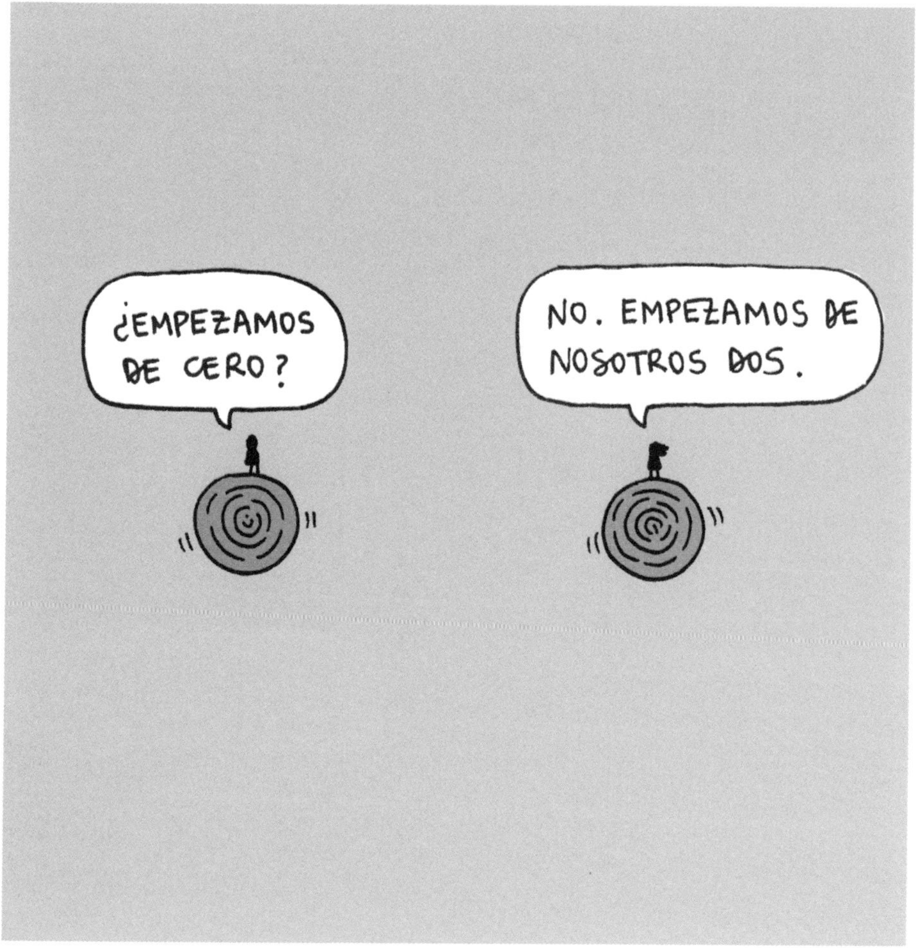
¿EMPEZAMOS DE CERO?
NO. EMPEZAMOS DE NOSOTROS DOS.

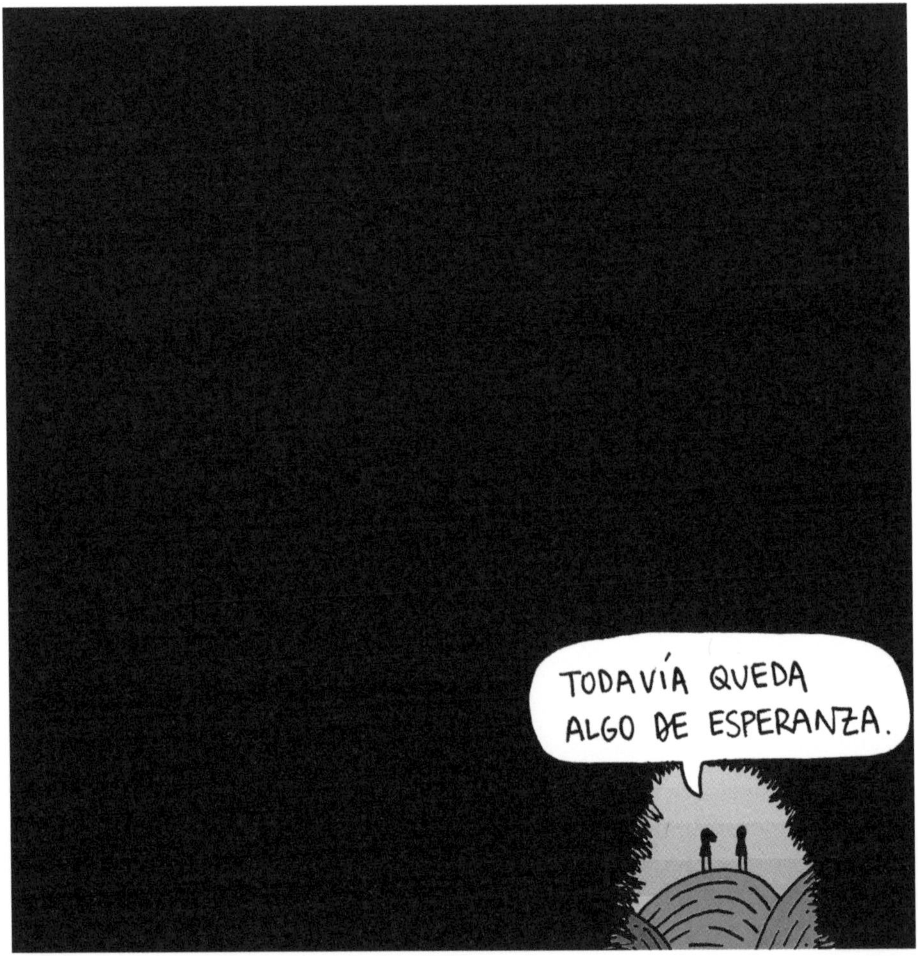
TODAVÍA QUEDA ALGO DE ESPERANZA.

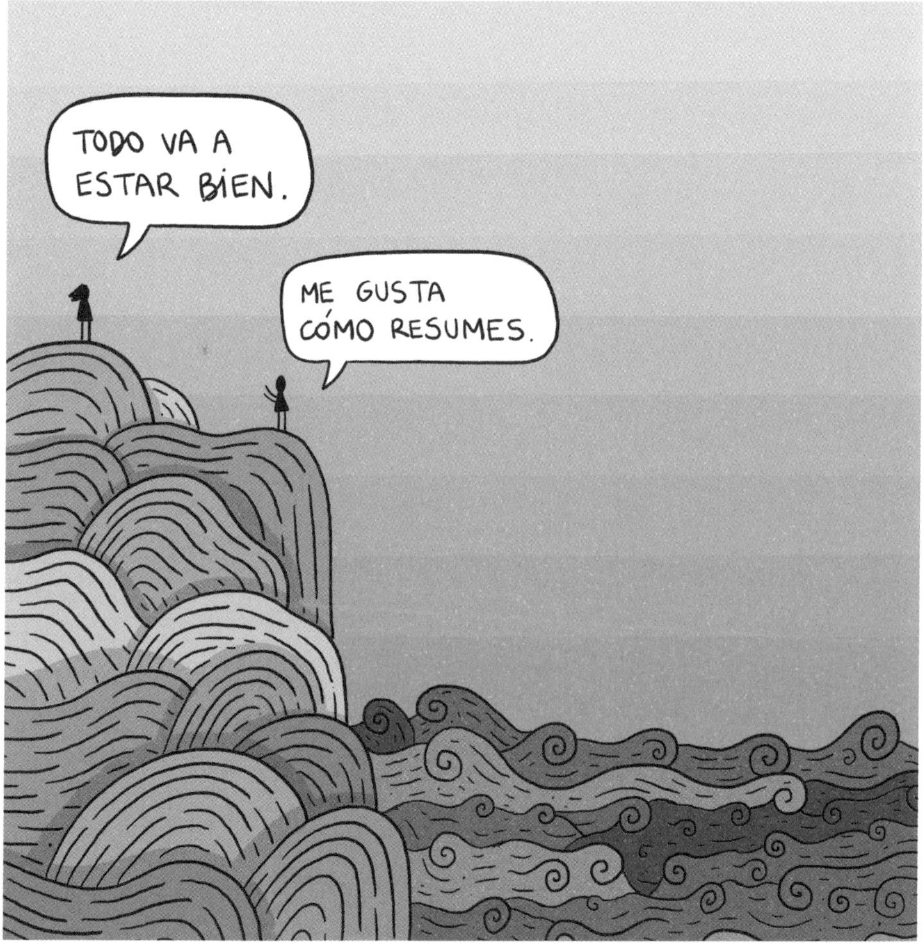
TODO VA A ESTAR BIEN.
ME GUSTA CÓMO RESUMES.

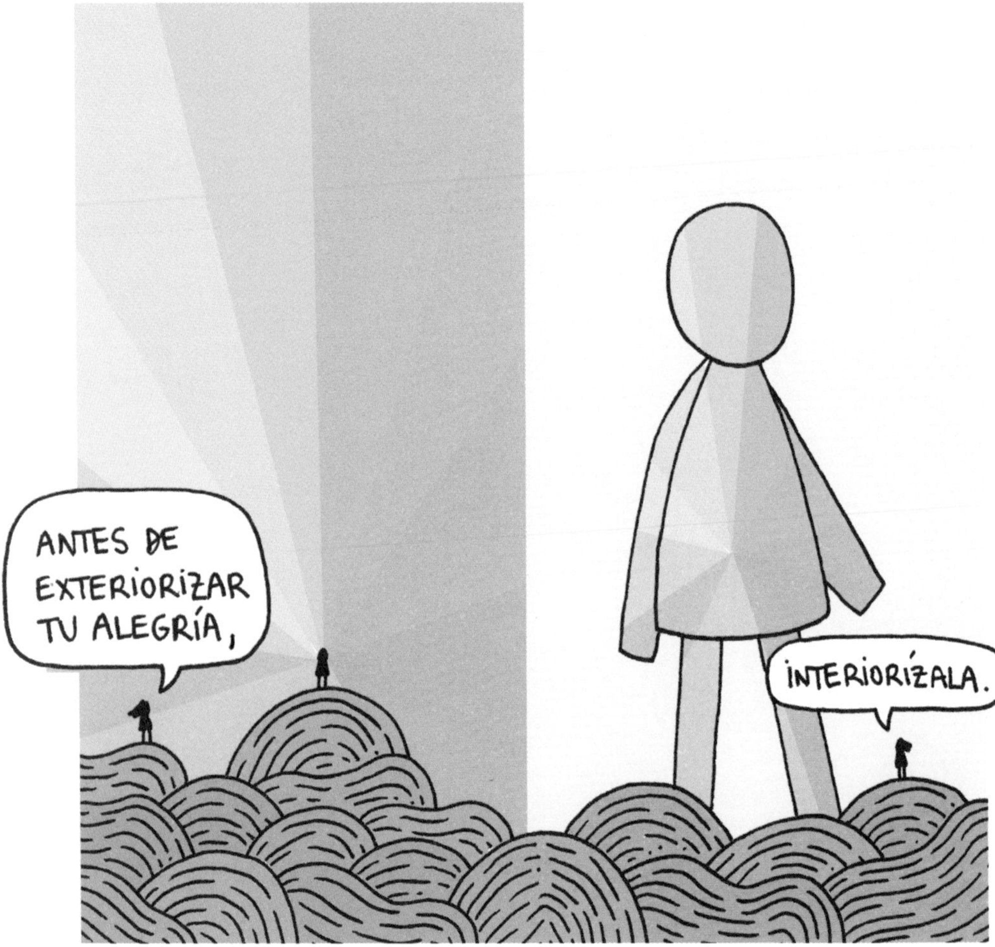
ANTES DE EXTERIORIZAR TU ALEGRÍA,
INTERIORÍZALA.

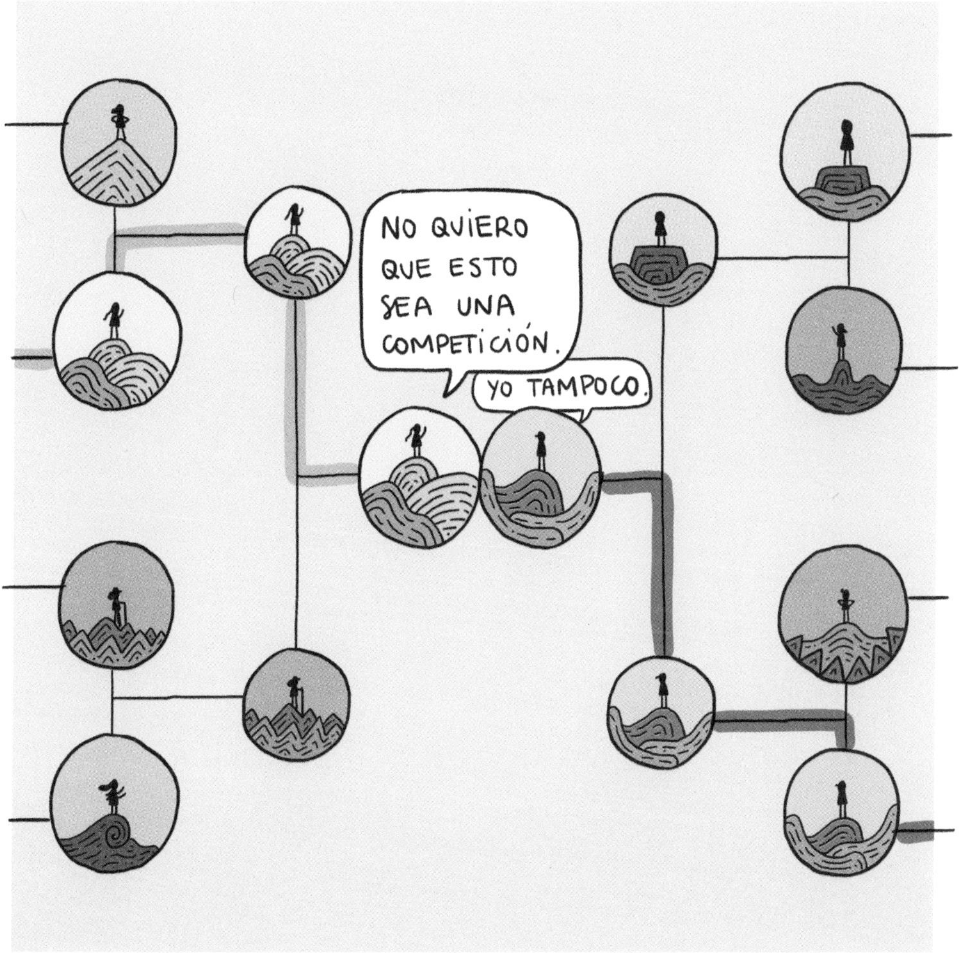
NO QUIERO QUE ESTO SEA UNA COMPETICIÓN.
YO TAMPOCO.

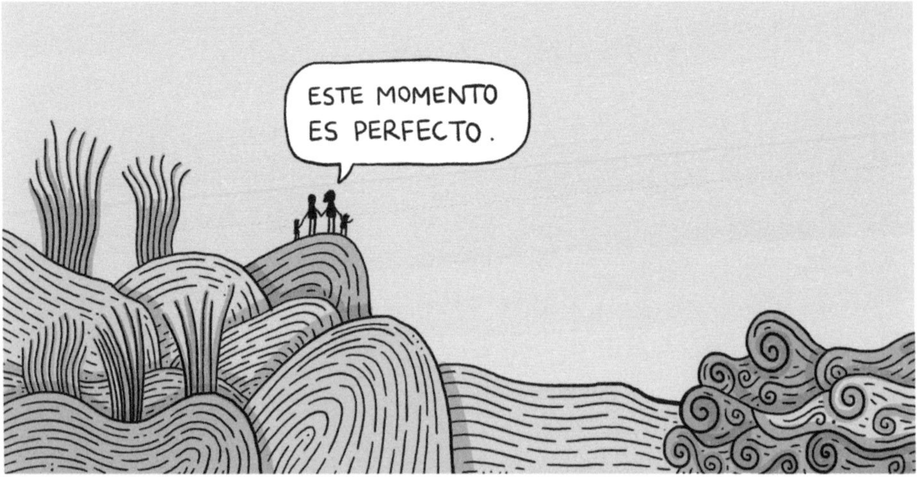
ESTE MOMENTO ES PERFECTO.

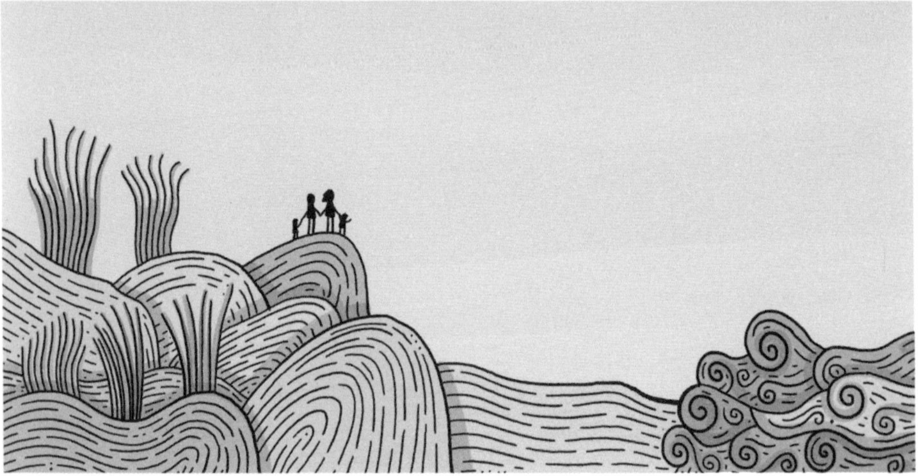

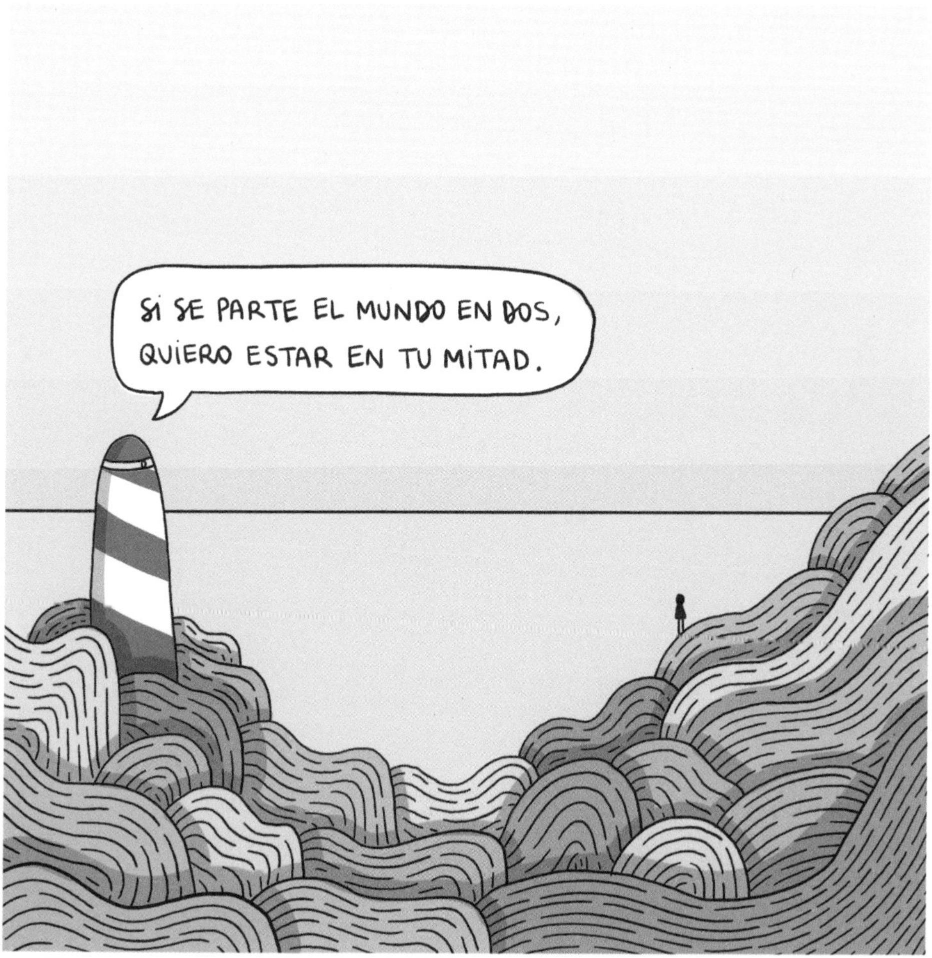
SI SE PARTE EL MUNDO EN DOS, QUIERO ESTAR EN TU MITAD.

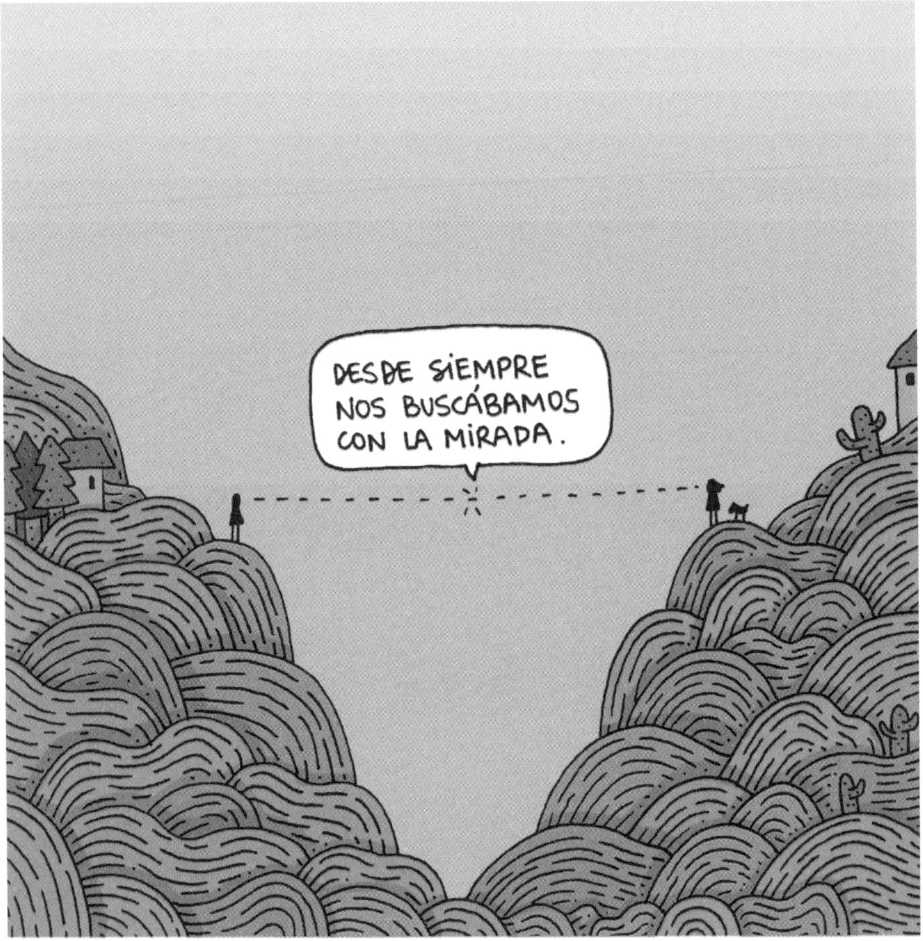
DESDE SIEMPRE NOS BUSCÁBAMOS CON LA MIRADA.

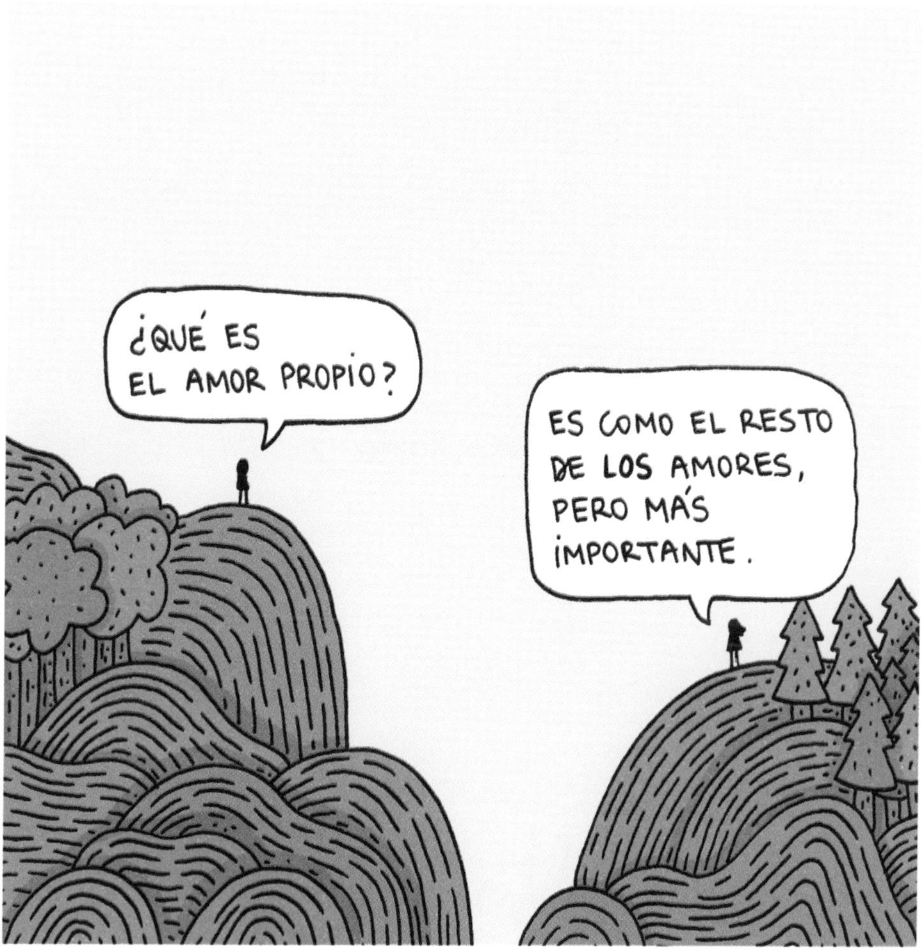
¿QUÉ ES EL AMOR PROPIO?
ES COMO EL RESTO DE LOS AMORES, PERO MÁS IMPORTANTE.

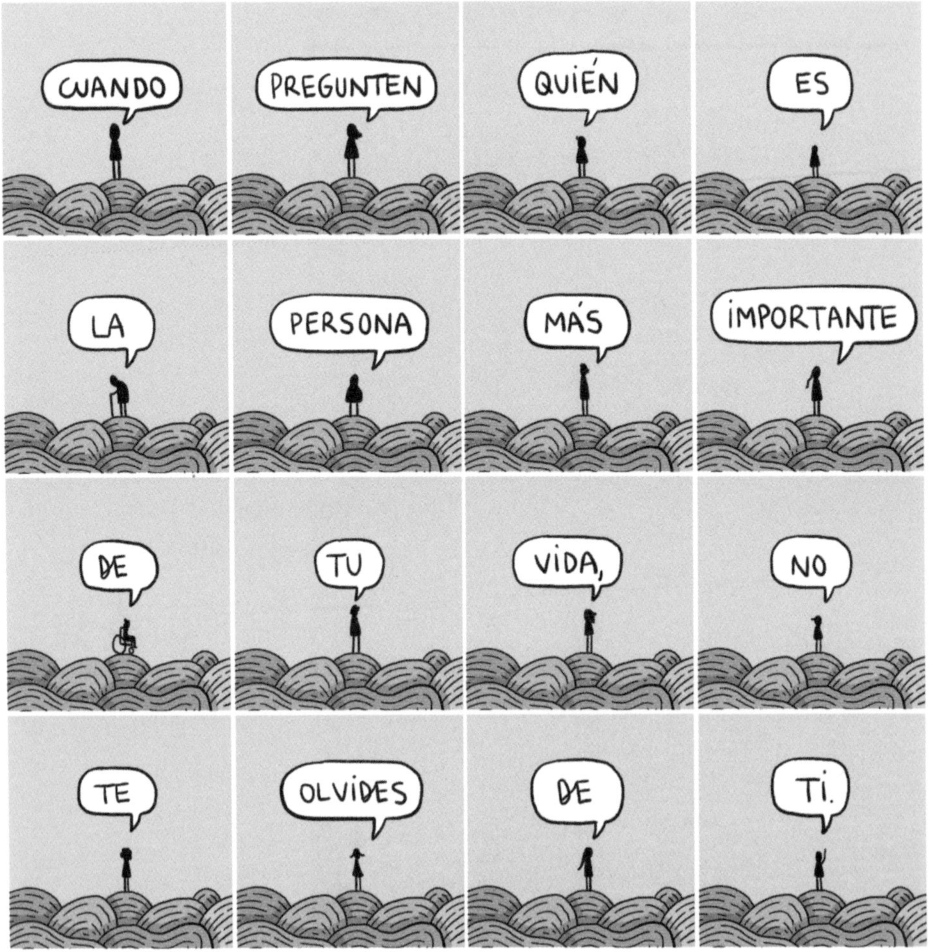
CUANDO
PREGUNTEN
QUIÉN
ES
LA
PERSONA
MÁS
IMPORTANTE
DE
TU
VIDA,
NO
TE
OLVIDES
DE
TI.

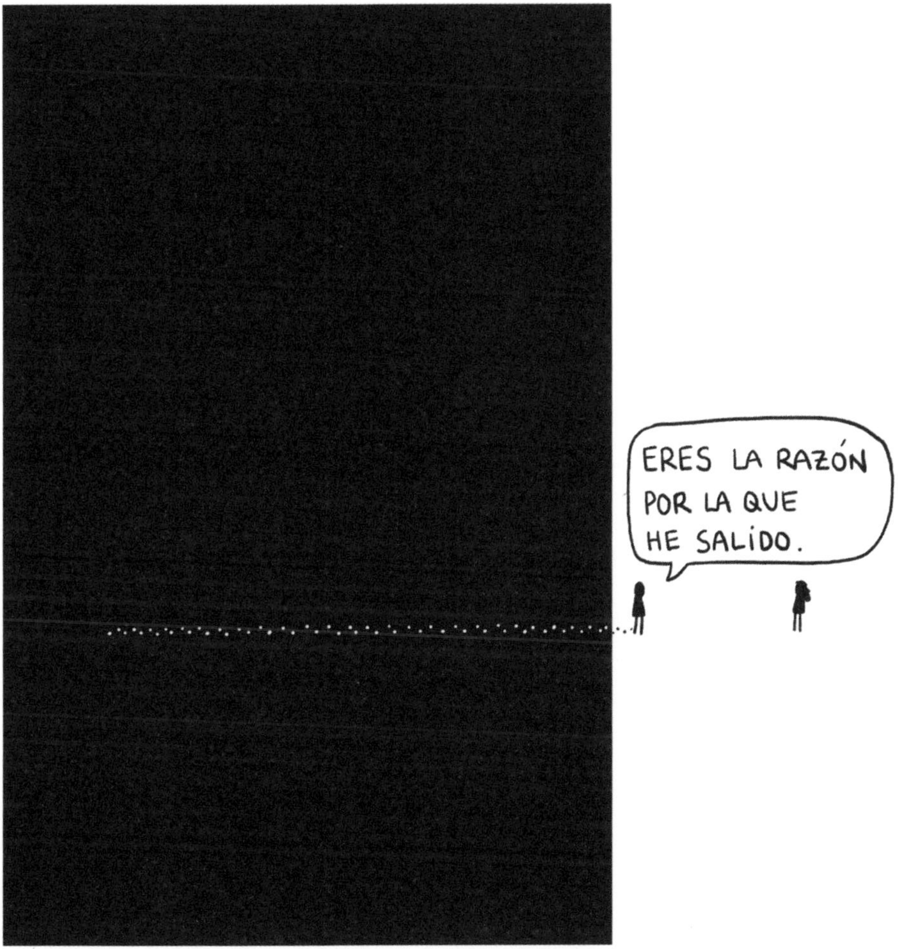
ERES LA RAZÓN POR LA QUE HE SALIDO.

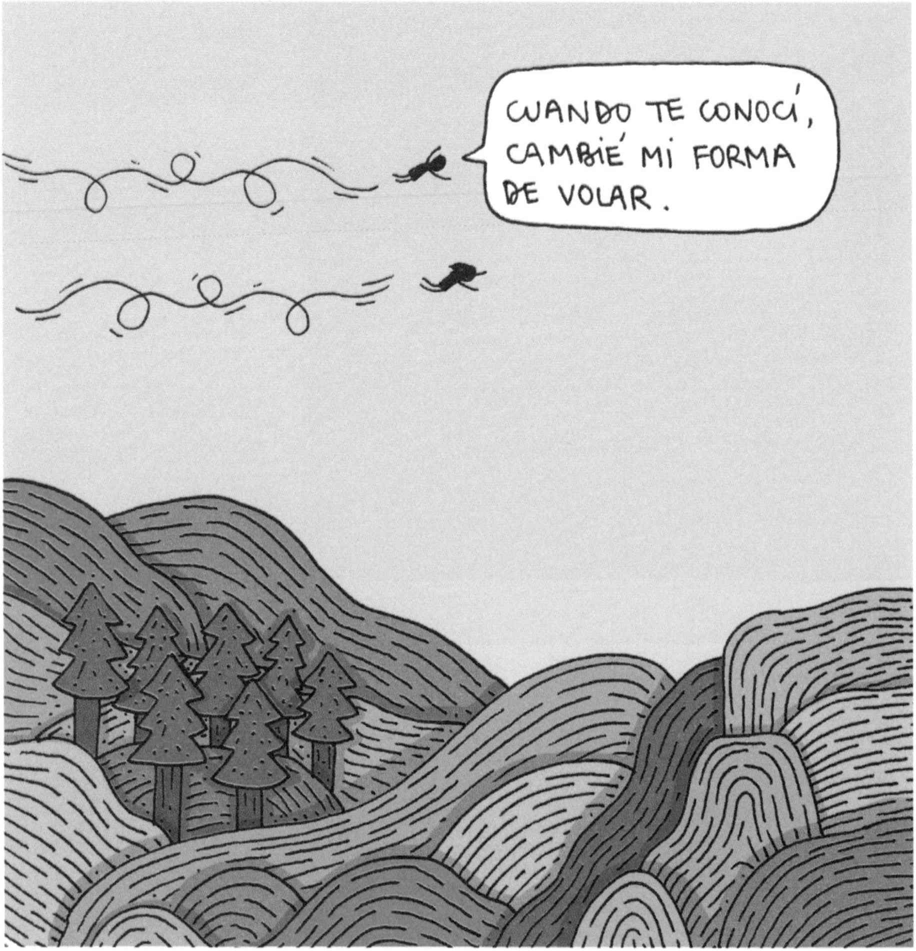
CUANDO TE CONOCÍ, CAMBIÉ MI FORMA DE VOLAR.

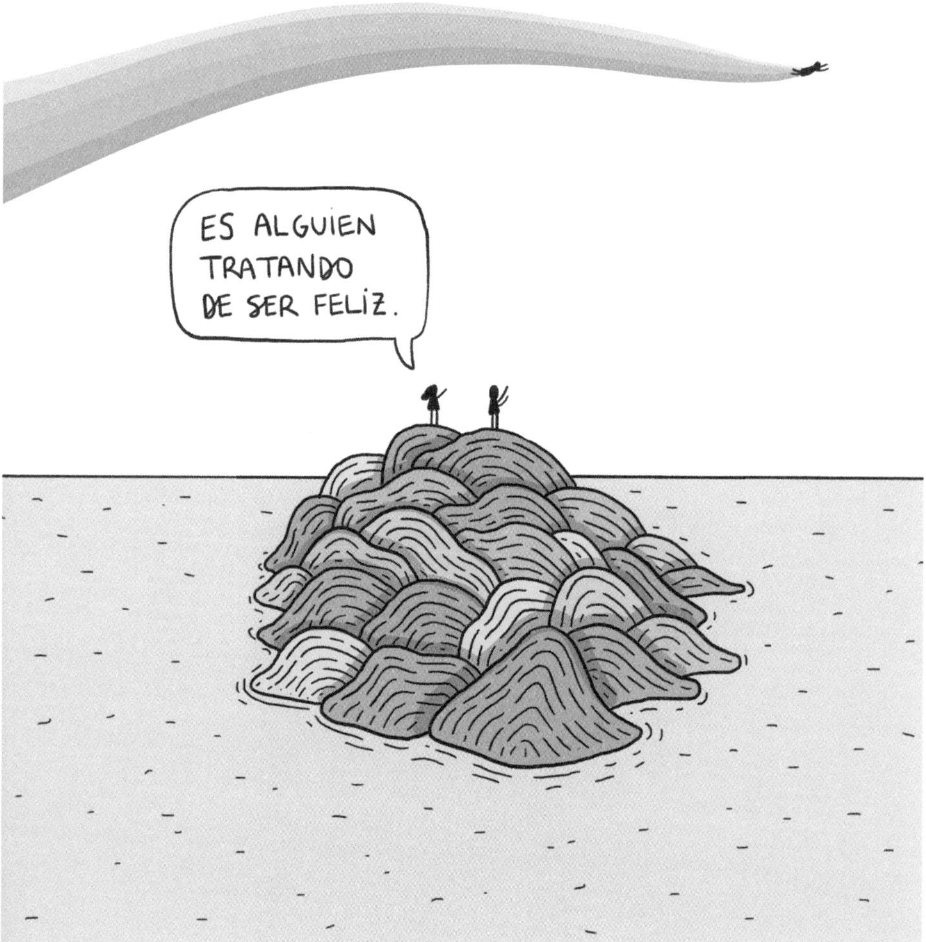
ES ALGUIEN TRATANDO DE SER FELIZ.

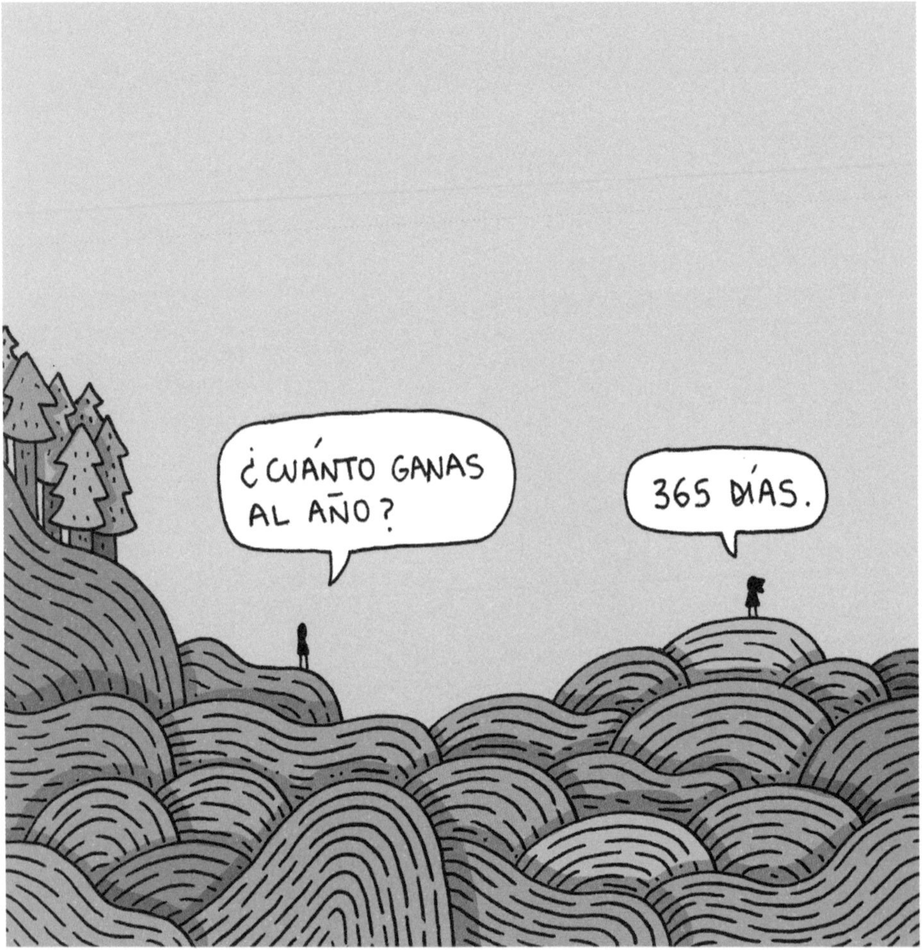
¿CUÁNTO GANAS AL AÑO?
365 DÍAS.

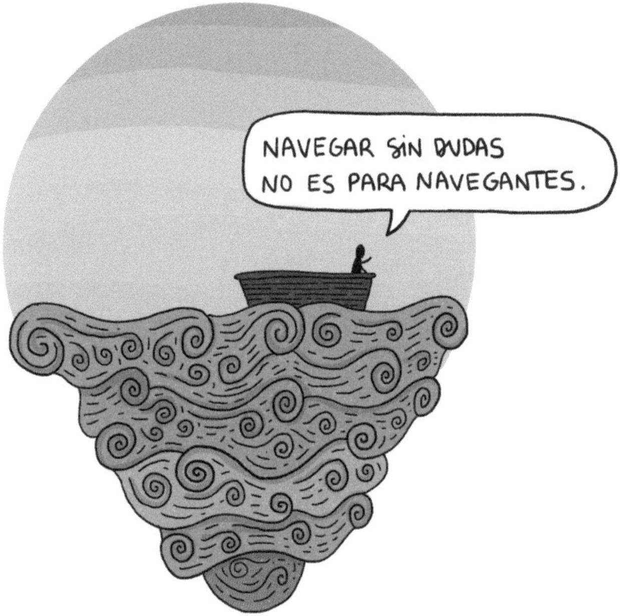
NAVEGAR SIN DUDAS NO ES PARA NAVEGANTES.

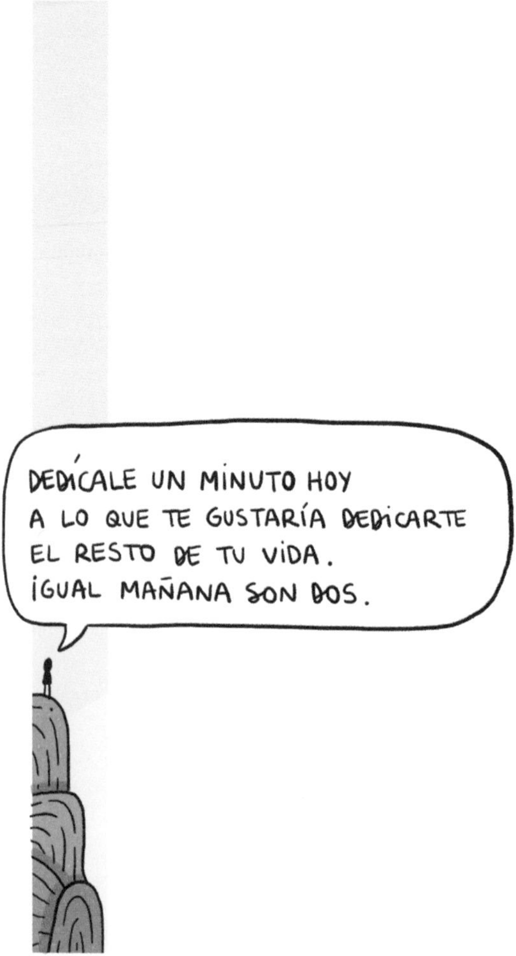
DEDÍCALE UN MINUTO HOY
A LO QUE TE GUSTARÍA DEDICARTE
EL RESTO DE TU VIDA.
¡GUAL MAÑANA SON DOS.

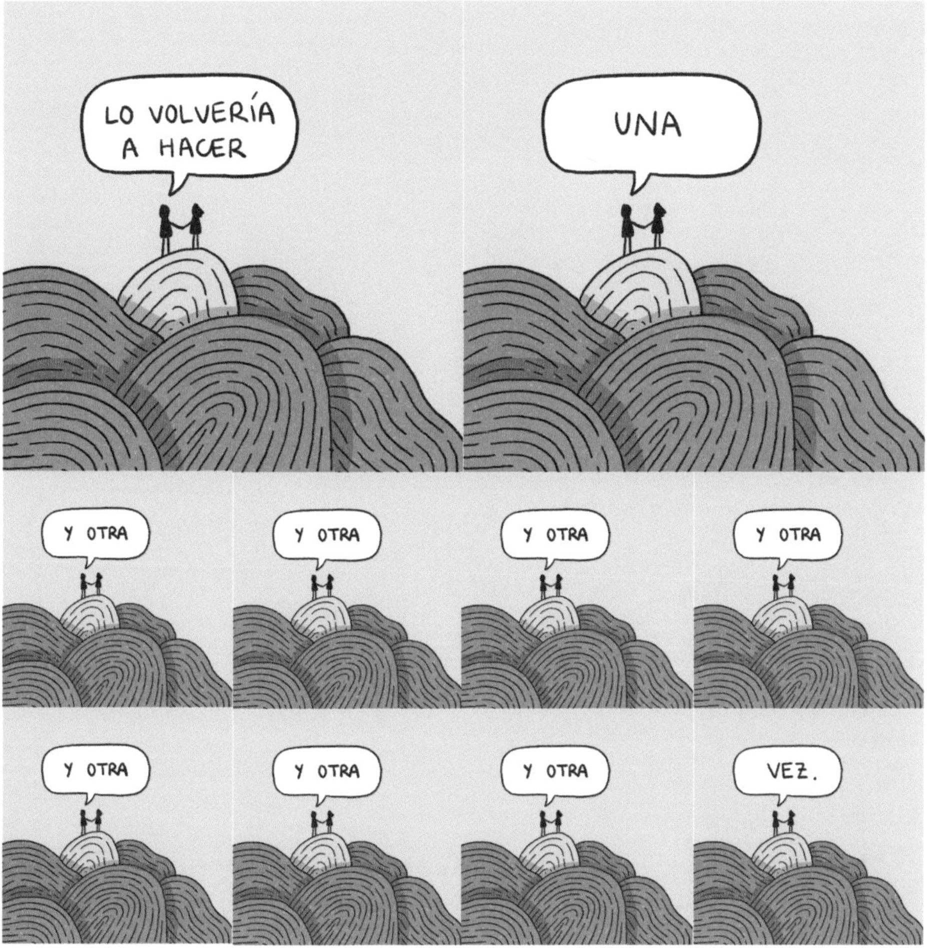
LO VOLVERÍA A HACER
UNA
Y OTRA
Y OTRA
Y OTRA
Y OTRA
Y OTRA
Y OTRA
Y OTRA
VEZ.

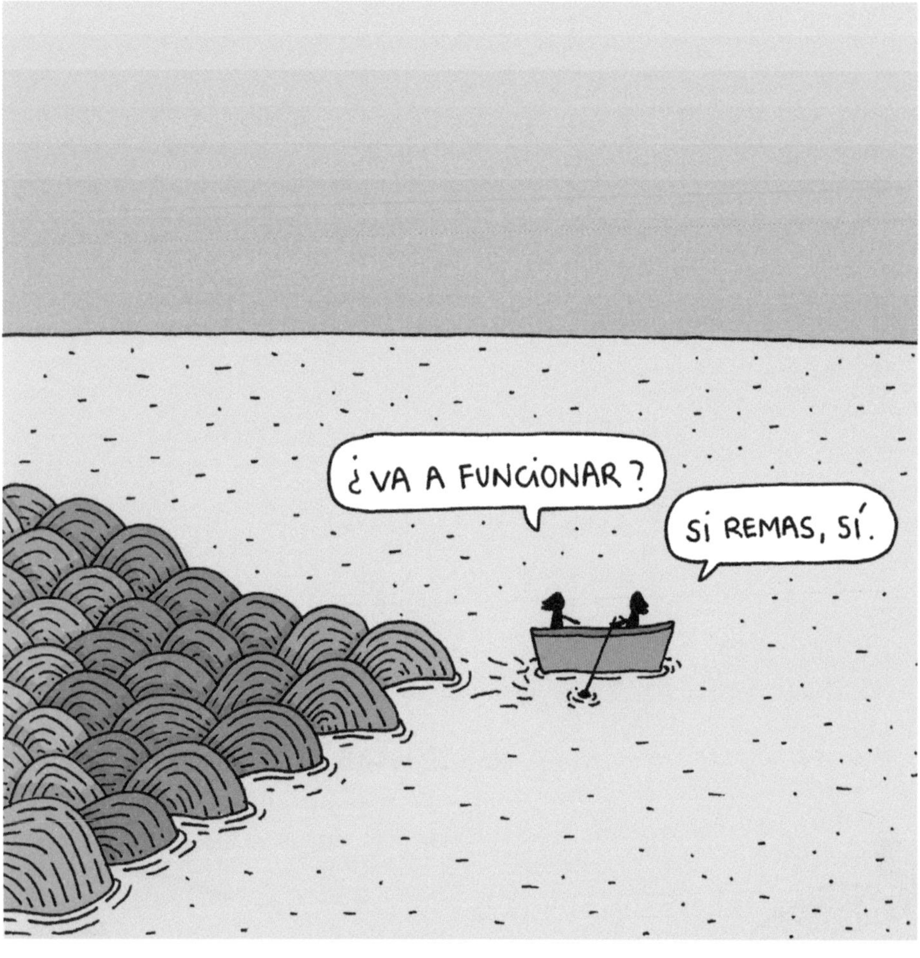
¿VA A FUNCIONAR?
SI REMAS, SÍ.

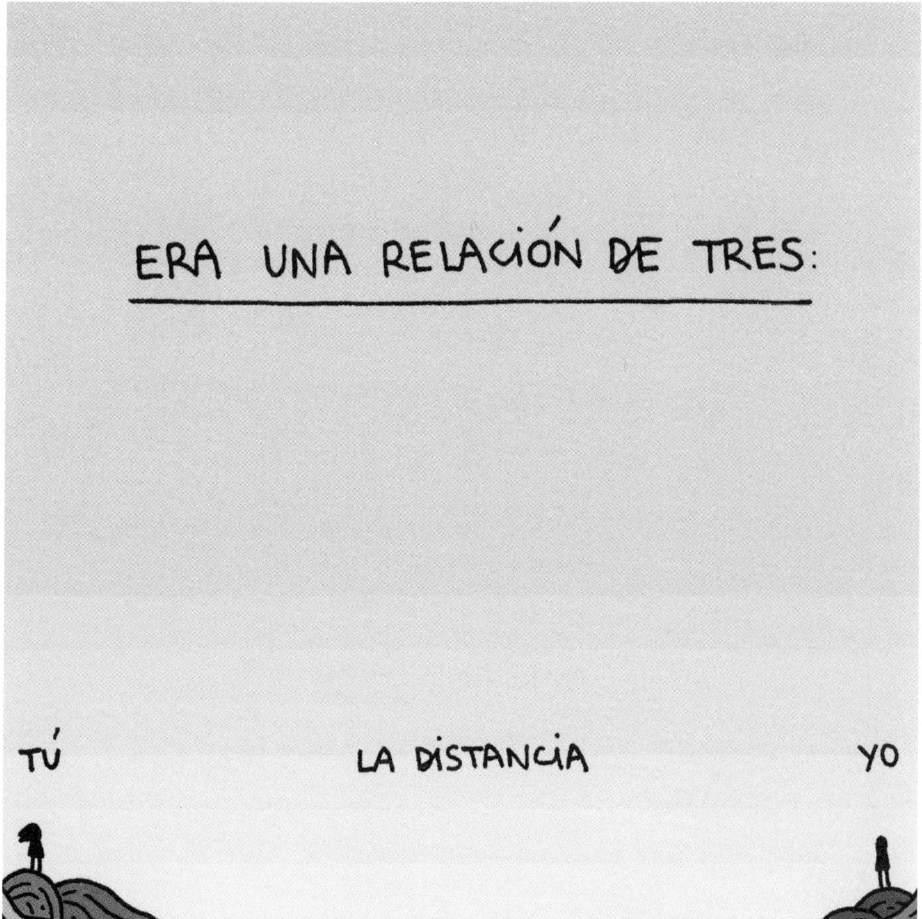
ERA UNA RELACIÓN DE TRES:
TÚ
LA DISTANCIA
YO

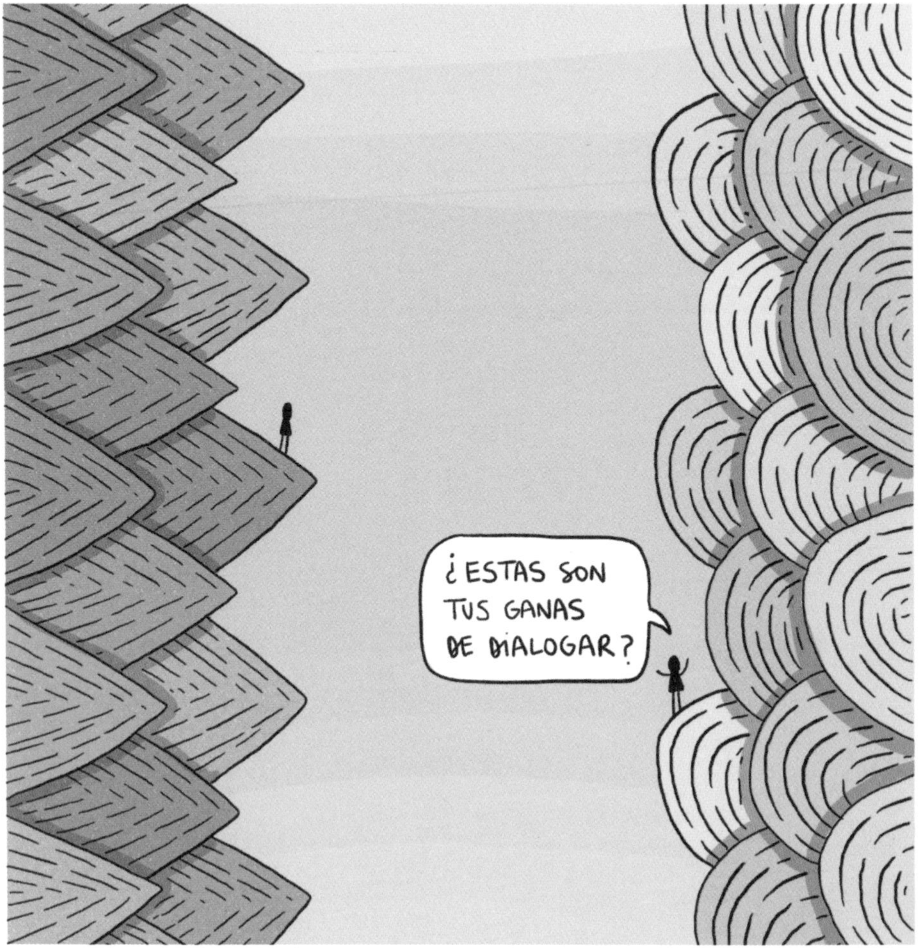
¿ESTAS SON TUS GANAS DE DIALOGAR?

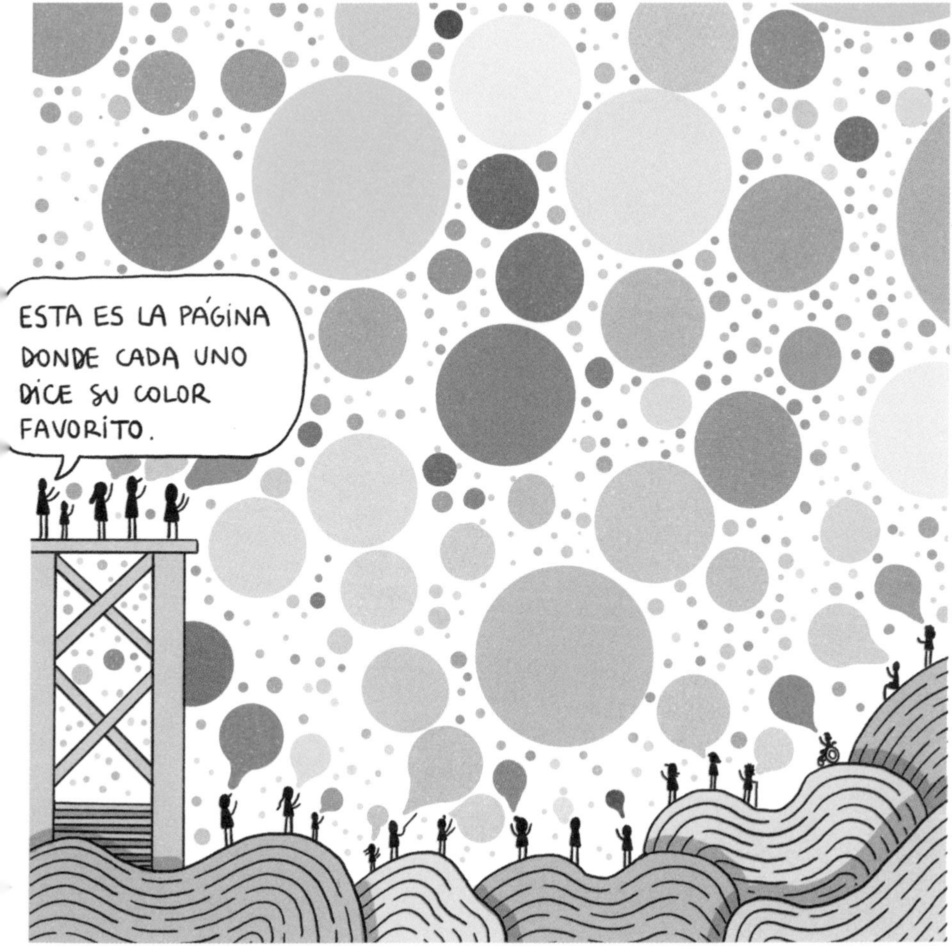
ESTA ES LA PÁGINA DONDE CADA UNO DICE SU COLOR FAVORITO.

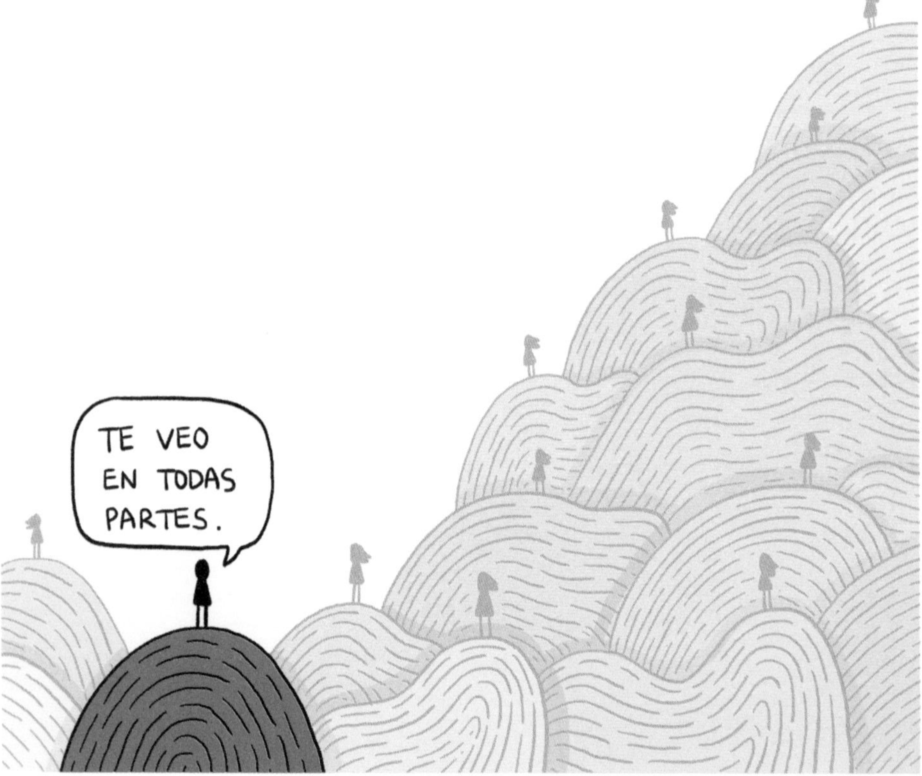
TE VEO EN TODAS PARTES.

NO PIENSO EN NADA
Y APARECES TÚ.
¿CÓMO LO HACES?

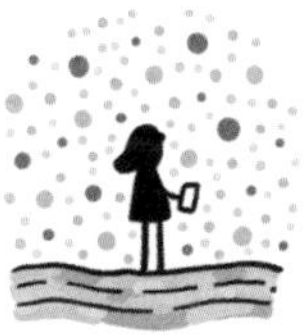

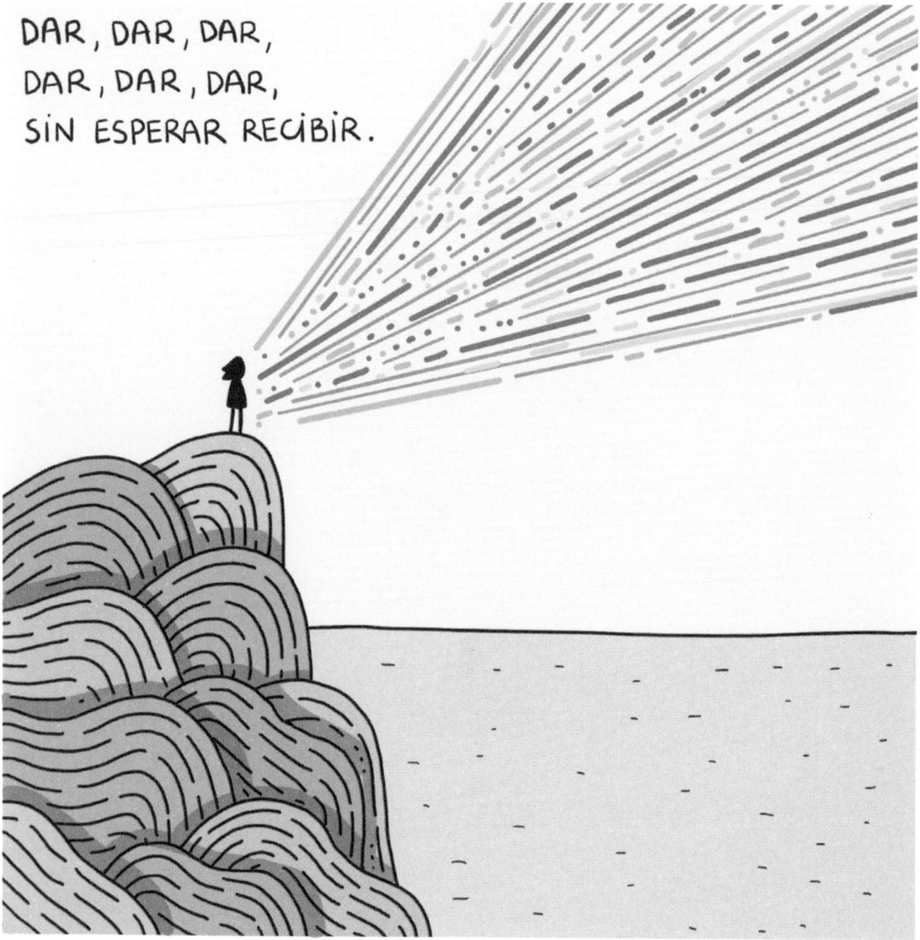
DAR, DAR, DAR,
DAR, DAR, DAR,
SIN ESPERAR RECIBIR.

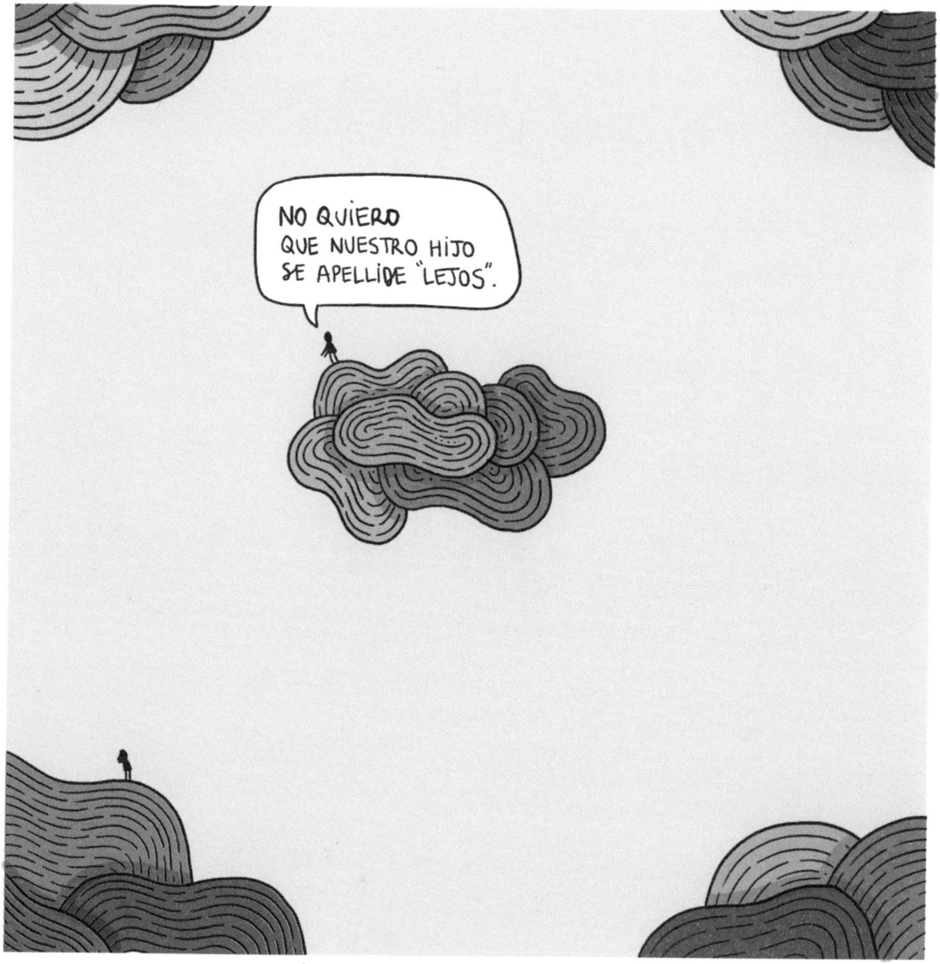
NO QUIERO QUE NUESTRO HIJO SE APELLIDE "LEJOS".

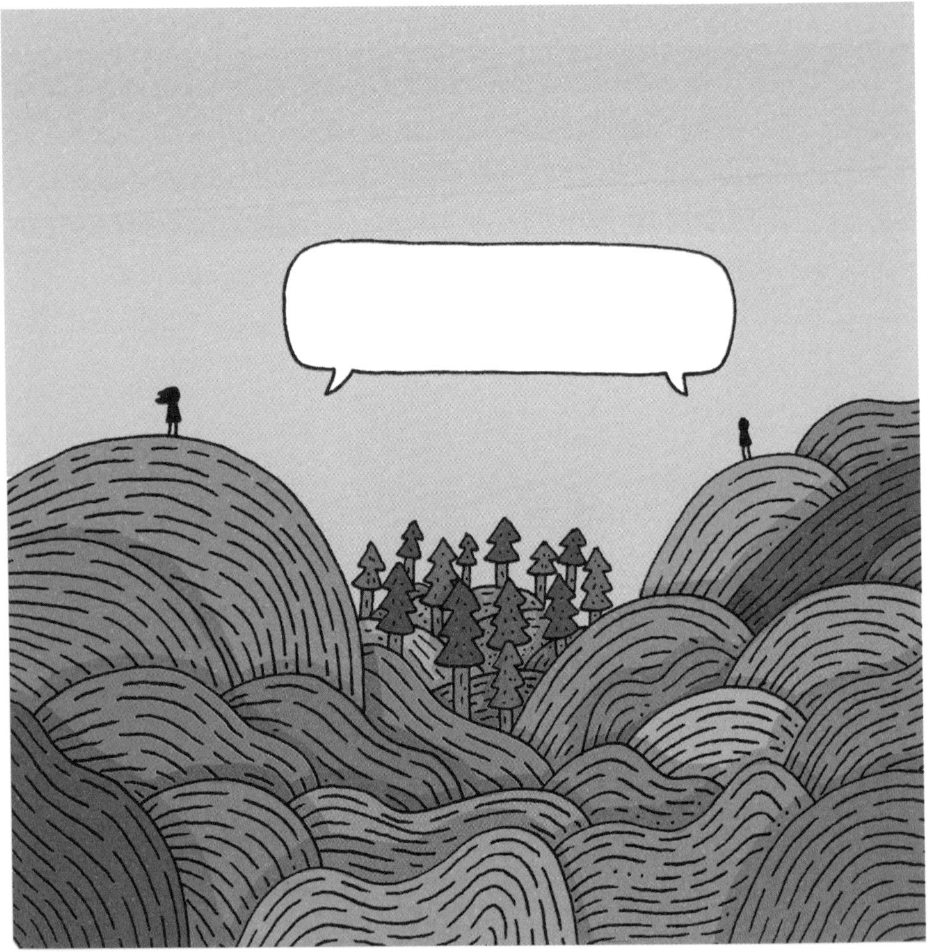

SE QUEDARON SIN PALABRAS A LA VEZ.

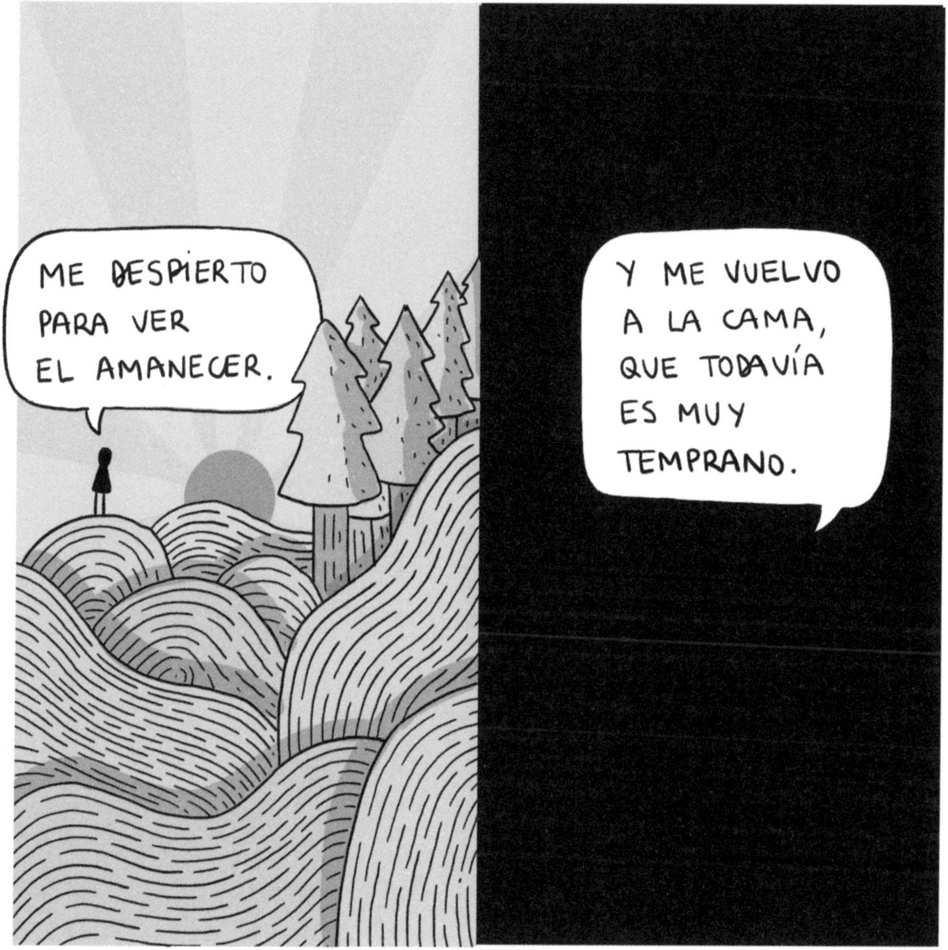
ME DESPIERTO PARA VER EL AMANECER.
Y ME VUELVO A LA CAMA, QUE TODAVÍA ES MUY TEMPRANO.

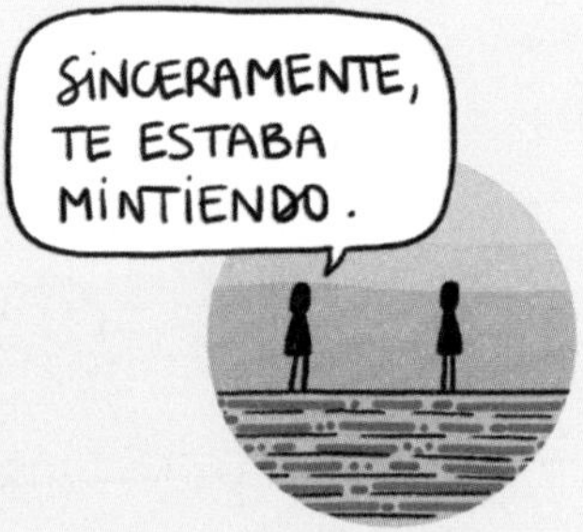
SINCERAMENTE, TE ESTABA MINTIENDO.

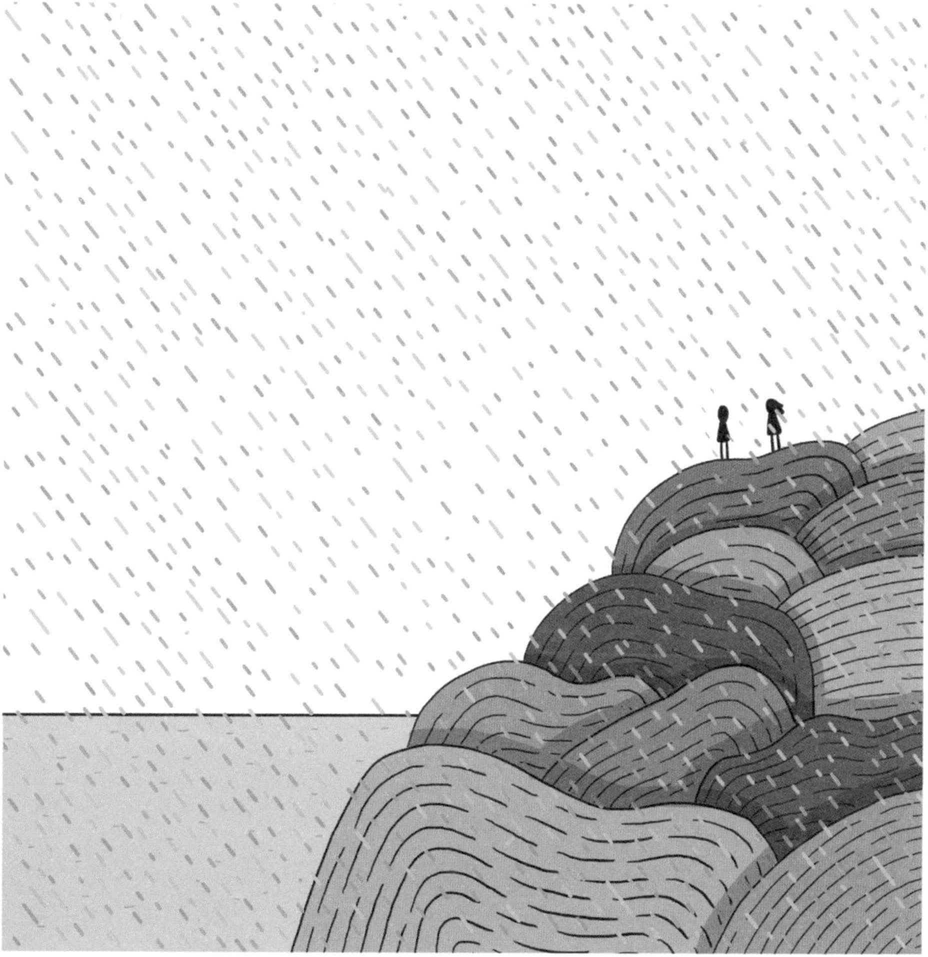

CUANDO LLUEVE COLOR, ESCUCHAMOS.

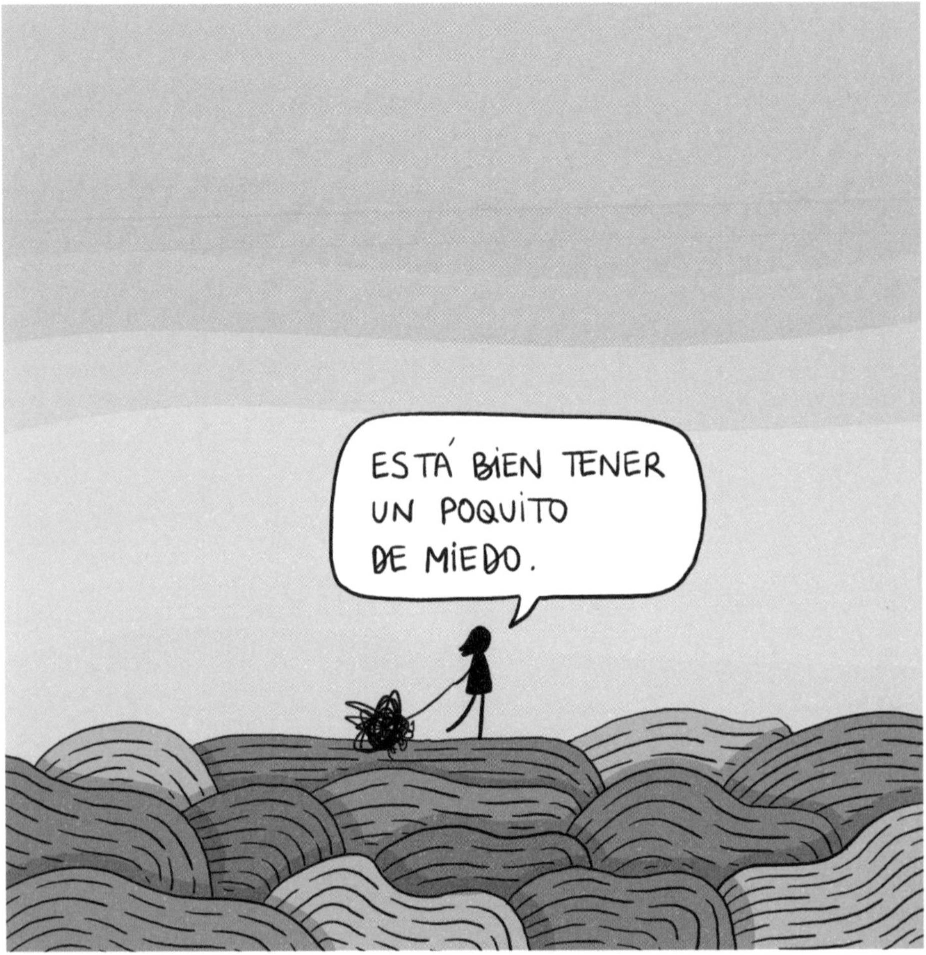
ESTÁ BIEN TENER UN POQUITO DE MIEDO.

Y SI NO LO CONSIGO, QUE SE RECUERDE COMO ALGO ESPECIAL.

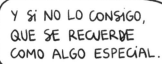

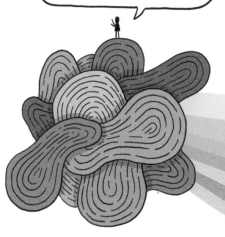

HAGO UN BOCETO EN MI CABEZA.
LUEGO, LO DIBUJO.
AÑADO EL COLOR.
Y LOS SENTIMIENTOS.
ES AHORA.
VAMOS.

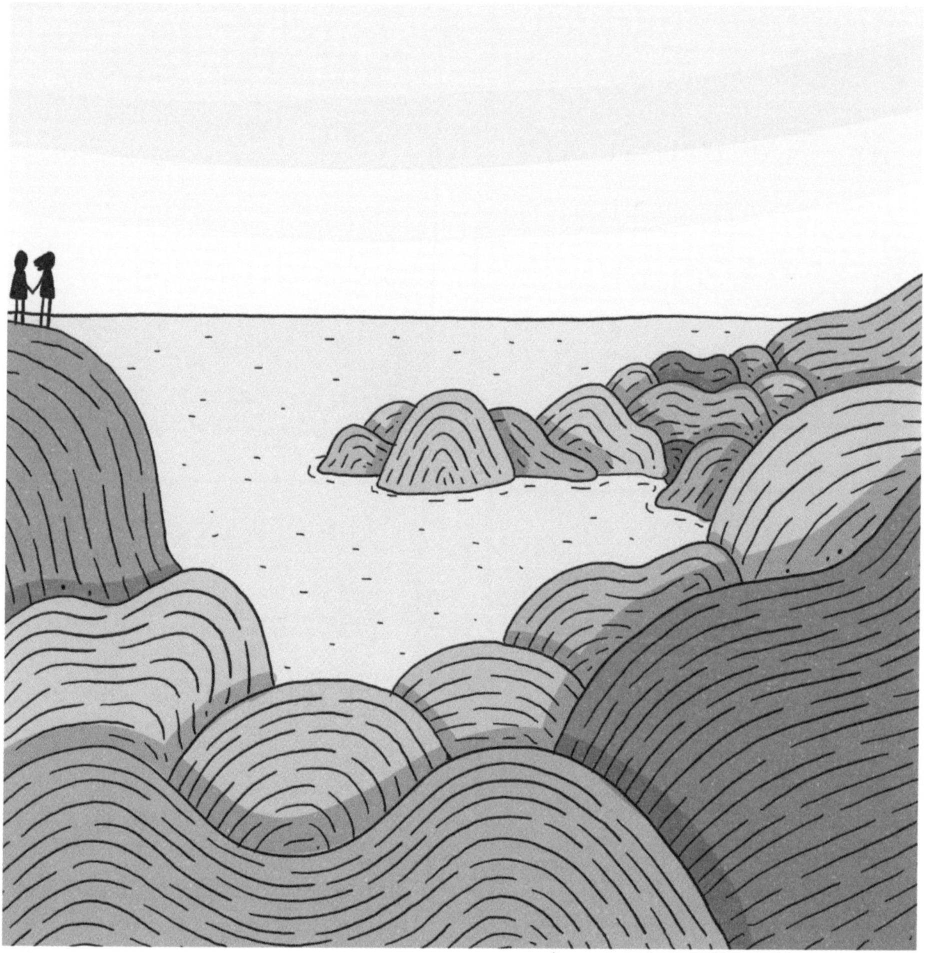

NO SALEN PALABRAS, PERO OS ENTENDÉIS.

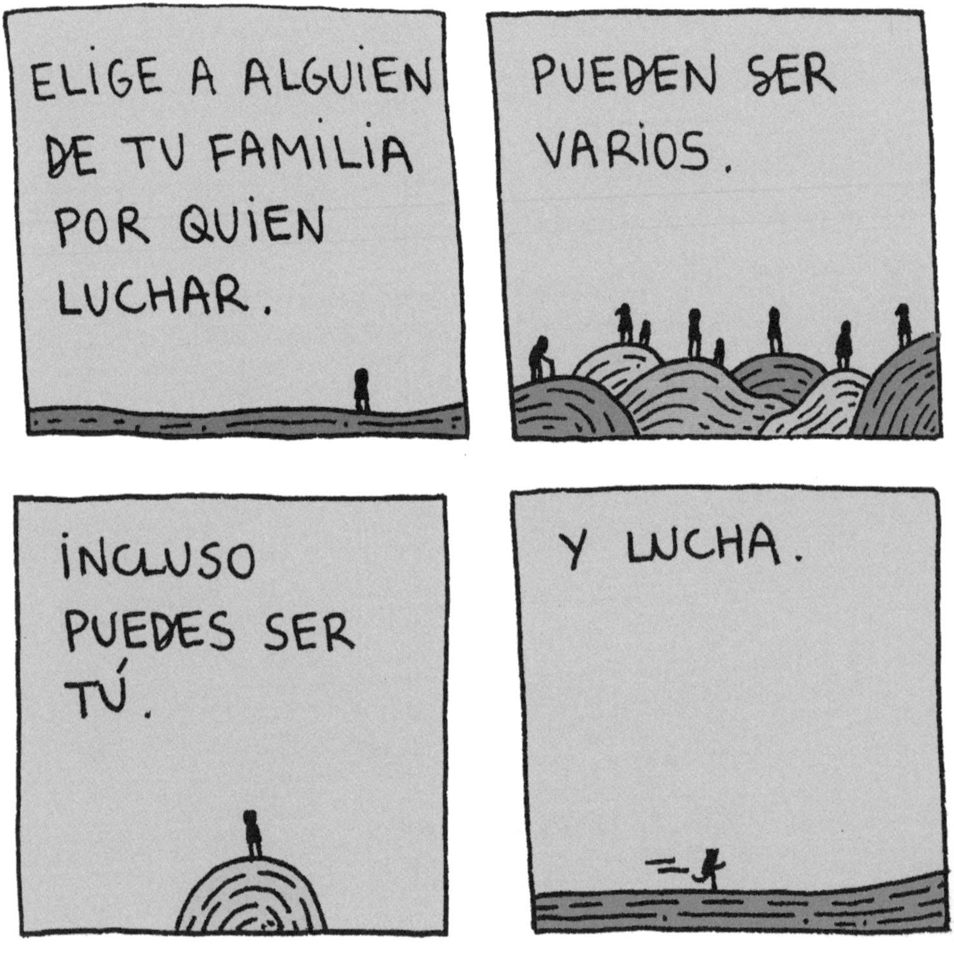
ELIGE A ALGUIEN DE TU FAMILIA POR QUIEN LUCHAR.
PUEDEN SER VARIOS.
INCLUSO PUEDES SER TÚ.
Y LUCHA.

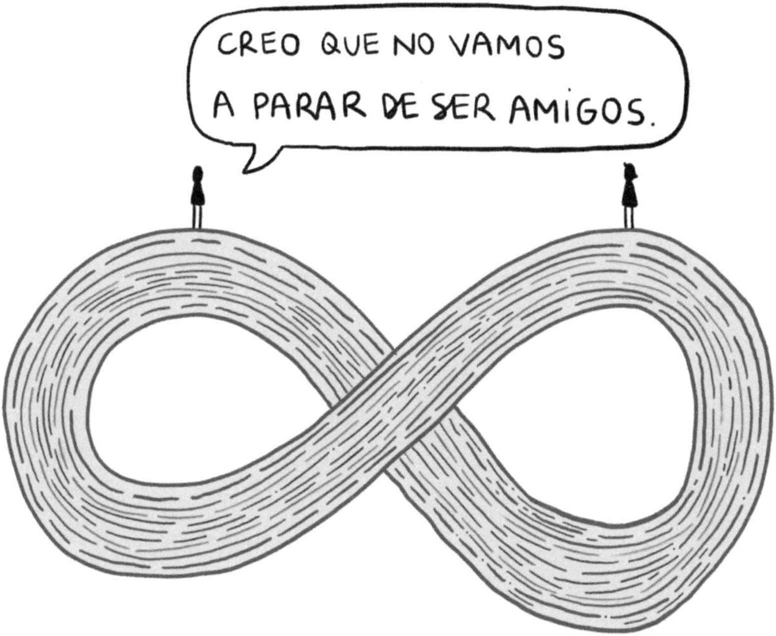
CREO QUE NO VAMOS A PARAR DE SER AMIGOS.

72KILOS ES ÓSCAR ALONSO.

VIVE EN BILBAO CON LUCÍA.

TIENEN DOS HIJOS.

QUE ESTÉS LEYENDO ESTE LIBRO

LES HACE MUY FELICES.